Ventanas dos

Lecturas fáciles

TERESA CARRERA-HANLEY

McDougal Littell
A HOUGHTON MIFFLIN COMPANY
Evanston, Illinois • Boston • Dallas

Credits

Front cover: (window) Luis Padilla/The Image Bank;
(inset) Guatemala, Richard Steedman/The Stock Market.

Back cover: Luis Padilla/The Image Bank

Additional credits and acknowledgements are found on page 113.

Printed in the United States

International Standard Book Number-10: 0-395-87350-9

International Standard Book Number-13: 978-0-395-87350-2

15 DCI 08

CONTENIDO

TO THE TEACHER

Ventanas dos has been developed to help beginning and intermediate level Spanish students strengthen their reading skills and expand their vocabulary comprehension.

Organization of *Ventanas dos* The text helps students acquire better reading skills through practice with both contemporary and culturally diverse reading selections. Through these readings and their accompanying supplementary activities, students maximize their exposure to Spanish-speaking culture.

The opening note to the student presents techniques for reading Spanish more efficiently. A complete answer key and Spanish-English glossary appear at the end of the book.

Arrangement of each lesson Each lesson contains an illustrated reading. Words that a student is unlikely to know are glossed beneath the text. Glossed words are generally noncognates that are not included in the active vocabulary of the Level Two Spanish texts most commonly used in this country.

All reading selections begin with a pre-reading activity. These activities provide students with the opportunity to activate prior knowledge and apply that prior knowledge to what they are about to read.

Most reading selections are followed by a comprehension activity entitled **¿Comprendiste tú?** These selections have a wide variety of formats: true-false statements, hidden messages, and interpretation activities. The function of these activities is to encourage the student to read the passage more than once in search of the information requested.

Many selections are followed by a section entitled **¡Aprendamos más!**. This vocabulary enrichment focuses on topical vocabulary, word families, or idiomatic expressions. The presentation of the vocabulary is accompanied by one or more **Actividades** in which students use the new items. Here, too, several different formats have been adopted to provide variety. Many selections are also followed by a **Repaso gramatical** which provides a brief review of one structural element found in the reading and frequently associated with a Level Two text.

The closing activities, entitled **Una ventanas más,** allow the student to recombine the material in the reading selection and vocabulary enrichment section in an original, cross-curricular context.

Teaching with *Ventanas dos* Before introducing any of the selections, the teacher will probably want to have the class discuss the reading suggestions contained in the preface to the student.

The readings themselves may be either presented and read in class or assigned for outside preparation. The teacher may wish to read parts of the selection aloud to give the class additional listening practice. The comprehension activities may be done individually, in small groups, or with the entire class. Similarly, the vocabulary-building activities are both varied in structure and flexible in format. They range from tightly structured completion and multiple-choice exercises to open-ended communication activities and guided compositions.

Since each reading is accompanied by carefully planned comprehension and vocabulary expansion exercises, it is possible to let students prepare selections independently for extra-credit or enrichment activities. The flexibility is a key feature of *Ventanas dos.*

TO THE STUDENT

The best way to acquire fluency in a new language is through frequent contact with that language. The more you listen to a new language, the easier it becomes to understand conversations and to speak. And the more you read in the new language, the greater your reading comprehension and your writing ability. For your reading practice to be most effective, it should be an enjoyable experience: the language should not be too difficult for you and the topics should be interesting. The fourteen selections of ***Ventanas dos*** have been written to meet these objectives.

Reading and Understanding There are several techniques you can use to improve your reading ability in Spanish. Here are a few suggestions:

1. Read the title of the selection. Some titles are straightforward and tell you exactly what the subject of the reading is: **"Chiles y chocolate."** Other titles may arouse your curiosity and raise questions that the selection should answer. For example, the title **"¿Cuáles son tus vacaciones ideales?"** may have you wondering what your ideal vacation might be.

2. The next step is to read through the whole selection in order to get the general meaning. You may want to refer to the vocabulary glosses in the margin from time to time if there are key words that are unfamiliar to you. However, you should try to get through the entire reading without stopping too frequently, since your objective is to get a general overview of what the text is all about.

3. Once you have a global impression of what the author is saying, you should go back and read the selection sentence by sentence. First of all, it is important to identify the subject (who is acting) and the verb (what action is being done). In Spanish, as in English, the subject usually comes first and is followed by the verb. However, in Spanish the subject may be omitted if it is a pronoun. If you are not quite sure that you have found the subject of the sentence, you might look carefully at the ending of the verb. In Spanish, the verb ending will help you identify the subject because it agrees with the subject in number. The tense of the verb also indicated the time of the action—past, present, or future.

4. As you read more slowly, try to understand the meanings of unfamiliar words.

   a. Often you can guess meanings from context. For example, a sentence might begin "**¿Conoces algunas piedras preciosas? ¿Sabes lo que es una esmeralda, un rubí, un diamante o un ópalo?...**". You might not know the meaning of the word **piedras,** but you can probably guess that it's "something" precious that has to do with gems.

   b. You can also recognize many cognates, that is, words that have similar spellings and meanings in Spanish and English. These words are pronounced differently in the two languages and often have slightly different meanings. As you learn to recognize cognates and as you become familiar with cognate and spelling patterns, you will find that that your reading fluency will improve.

   c. You should be aware of false cognates. These are words that look alike in both languages but have different meanings. For example, **largo** means "long" (and not "large"). If you encounter a cognate that does not seem to fit the general sentence context, look it up in the end vocabulary. It may be a false cognate with more than one meaning.

   d. In some cases a Spanish word may have an English cognate but may correspond to another more common noncognate word. For example, **aumentar** is related to the verb "to augment" but corresponds more closely to the verb "to increase". In such cases the English cognate may remind you of the meaning of the Spanish word.

5. Once you know the meaning of the individual words, you must reread the entire sentence. Usually there is no direct word-for-word correspondence between Spanish and English. Each language has its own expressions and images. You will also notice that Spanish may use the present tense to describe historic events while the same text in English sounds much better when written in the past tense.

6. When you feel comfortable with the text, read it through one last time. You may even want to read it aloud to yourself. Remember that the sentences or expressions you thought clumsy or strange when compared to English do look right and sound fluent to the Spanish speaker. Relax as you reread the selection and try to develop a feel for the way Spanish-speakers express themselves.

7. Perhaps most important: Read through the selections in this book and enjoy them. They are a window *(ventana)* through which you can look at, observe and admire the Spanish-speaking world!

¿QUÉ SABES TÚ?

Contesta las siguientes preguntas:

1. ¿Cuándo son tus vacaciones escolares?
2. ¿Crees que tienes suficientes vacaciones o que necesitas más?
3. ¿Adónde te gustaría ir en tus próximas vacaciones? ¿Por qué?

¡A VISTA DE PÁJARO!

Mira rápidamente la lectura para ver de qué se trata:

1. Unas vacaciones a México
2. Acampar en Perú
3. Tus vacaciones ideales
4. Un viaje a Buenos Aires

Ixtapa

A **Te** gustaría tener unas vacaciones muy tranquilas en un lugar pacífico. Te encantaría Ixtapa o Zihuatanejo, dos ciudades de México. Sus playas son muy desoladas y no hay muchos turistas. En Ixtapa podrías descansar frente al océano Pacífico mientras lees un libro y escuchas tu música favorita.

Cuzco

B **Te** gusta la tranquilidad de un pueblo donde puedes conocer otra cultura sin ver a muchos turistas. Debes visitar Cuzco, Perú, donde puedes caminar por las calles y conocer la arquitectura indígena de la región. Y desde allí, puedes tomar un tren a Machu Picchu, donde puedes acampar y encontrar antiguas ruinas incas.

¿Te gusta ir a la playa? SÍ NO

¿Te gusta la tranquilidad? SÍ NO

¿Te gusta leer? SÍ NO

¿Te gustan las montañas? NO SÍ

A

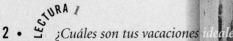

tus vacaciones ideales?

Contesta las preguntas y sigue las flechas para descubrir cuál es el lugar ideal para tus vacaciones.

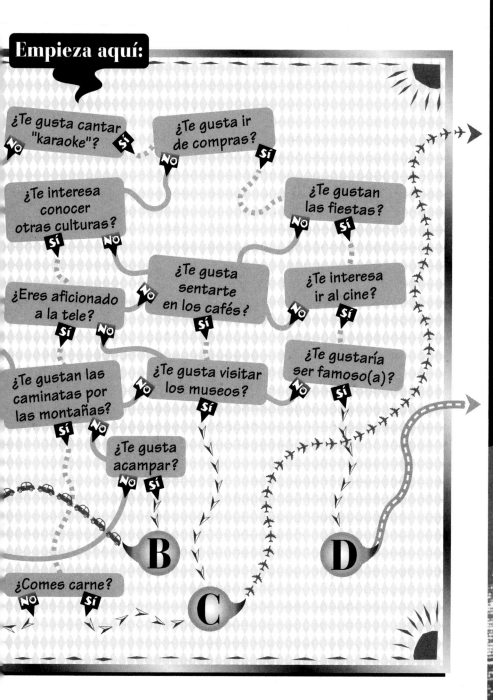

Empieza aquí:

¿Te gusta cantar "karaoke"? NO SÍ

¿Te gusta ir de compras? NO SÍ

¿Te interesa conocer otras culturas? SÍ NO

¿Te gustan las fiestas? NO SÍ

¿Eres aficionado a la tele? SÍ NO

¿Te gusta sentarte en los cafés? NO SÍ

¿Te interesa ir al cine? NO SÍ

¿Te gustan las caminatas por las montañas? SÍ NO

¿Te gusta visitar los museos? NO SÍ

¿Te gustaría ser famoso(a)? NO SÍ

¿Te gusta acampar? NO SÍ

B

D

¿Comes carne? NO SÍ

C

Buenos Aires

C Te interesaría conocer una ciudad cosmopolita con mucho tránsito pero también con muchos parques y plazas. Buenos Aires, la capital de Argentina, estaría perfecta para ti. Es una ciudad en donde puedes ver muchos espectáculos al aire libre. Después de visitar la Casa Rosada (donde gobernó Juan Perón), puedes tomar un café o un refresco en un bar de la Recoleta.

Nueva York

D Te encanta la acción y la diversidad de una ciudad grande. Te encantaría pasar tus vacaciones en la ciudad de Nueva York. Allí puedes ir a los museos, al teatro y a las discotecas. Hasta puedes tomar un barco y conocer la Estatua de la Libertad y la isla Ellis, donde los inmigrantes de principios del siglo XX fueron recibidos.

¡A VER! Repasa la lectura en grupos pequeños. Luego, compartan tus opiniones sobre lo siguiente.

1. ¿Prefieres viajar en coche, en autobús, en barco, en tren o en avión?

2. ¿Crees que el viajar aumenta tus conocimientos? ¿Por qué?

3. ¿Cuál sería un viaje perfecto para el típico adolescente?

4. A muchos jóvenes les gusta viajar solos en las vacaciones. Pero a muchos padres les parece un poco peligroso. ¿Crees que los jóvenes deben viajar solos?

Actividad Imagina que tú y un(a) compañero(a) quieren ir a una de las cuatro ciudades que se mencionan en la lectura. Hagan una lista de preguntas que quieren hacer a una agencia de viajes sobre su destino.

REPASO GRAMATICAL

El verbo **gustar** se usa para expresar lo que que nos gusta o agrada y lo que no nos agrada. Recuerda que **gustar** siempre está precedido por un pronombre (**me, te, le, nos, os, les**).

Tú y un(a) compañero(a) quieren saber más de los gustos de cada uno. Háganse las siguientes preguntas:

Modelo: estudiar
        Compañero(a): **¿Te gusta estudiar?**
        Tú: **Sí, me gusta estudiar.**
          o **No, no me gusta estudiar.**

1. nadar en el mar
2. ir a las montañas
3. visitar los museos
4. hacer excursiones

5. escuchar música
6. viajar en avión
7. salir los fines de semana
8. comer pescado

Las vacaciones escolares Para los estudiantes de los Estados Unidos el año escolar empieza en agosto o en septiembre y termina en mayo o en junio, no importa en qué estado vivan. Este tipo de año escolar no es el mismo en todos los países.

¿Cuándo empiezan las clases para los estudiantes ecuatorianos? ¡Depende! En la región de la sierra o en el oriente, las clases empiezan el primer lunes de octubre y terminan en junio o julio. Si vives en la región de la costa o en las islas Galápagos, el año escolar empieza en mayo y termina en enero o febrero.

¿Y por qué este cambio? Porque en la costa llueve a cántaros y hace mucho calor en febrero, marzo y abril. Son lluvias torrenciales de la selva tropical.

De todas maneras, los estudiantes de todas las regiones tienen que asistir 180 días a clase. Pero... si tienes primos o parientes que asisten al colegio en Quito y tú vives en Guayaquil, sería difícil juntarse y planear unas vacaciones ideales.

Escribir un ensayo Ya sabes algo sobre el Ecuador. Ahora escribe un ensayo en el que describas detalles sobre el estado donde tú vives. No te olvides de describir el clima, la geografía y algunas cosas de la vida diaria. Usa una red semántica *(word web)* para planear tu ensayo.

Así lo dicen...

HOGAR, DULCE HOGAR.

ANTES DE LEER…

Calendarios

¿QUÉ SABES TÚ?

Contesta las siguientes preguntas.

 1. ¿Cuántos días tiene un año? ¿Y cuántas semanas?

2. ¿Conoces algún calendario que utilice animales?

3. ¿Por qué crees que los calendarios fueron inventados?

¡A VISTA DE PÁJARO!

Mira rápidamente la lectura para encontrar la siguiente información.

 1. El número de animales que hay en el horóscopo chino

2. Otro nombre para el calendario azteca

3. El idioma que dio origen al nombre de los meses en el calendario romano

A través de los siglos, la gente fue observando los ciclos del Sol, de la Luna y de las estaciones. De esta manera podían saber cuándo era el momento ideal para las cosechas. Este proceso tomó mucho tiempo y cada civilización creó su propio calendario: algunos parecidos, otros muy diferentes, pero todos con el mismo fin, ¡medir el tiempo!

culturales

El calendario azteca

La Piedra del Sol o Calendario Azteca es uno de los grandes inventos que muestra los avanzados conocimientos de las matemáticas que poseía[1] la civilización azteca.

El año del calendario azteca es de 365 días. Cada día tiene un nombre náhuatl (el idioma azteca) que representa a ciertos elementos de la naturaleza. En total son dieciocho meses de veinte días. Para llegar a los 365, agregan cinco días más llamados "de la mala suerte".

La reliquia[2] que queda de este calendario pesa veinte toneladas[3]. Tiene muchos colores y figuras. En ella puedes ver que en el centro está el dios Sol. En el círculo más cercano al Sol están los símbolos de los días. En los otros círculos están los símbolos que representan los ciclos astronómicos que consistían en cincuenta y dos años.

Como puedes ver, hay muchas similitudes con nuestro calendario. ¡Realmente, los aztecas eran verdaderos científicos!

El calendario chino

Para la mayoría de la gente, el año comienza el primero de enero y termina el 31 de diciembre. ¡Pero no en China!

Para los chinos, el año comienza en febrero y termina en enero. Su calendario está dividido en grupos de doce años. Cada año está representado por un animal diferente, y las personas adquieren[4] la personalidad del animal que corresponde al año en que nacen.

[1] possessed   [3] tons
[2] relic   [4] acquire

lunes

martes

miércoles

jueves

viernes

sábado

domingo

Los animales que representan el calendario chino son: el dragón, la serpiente, el caballo, el carnero[1], el mono, el gallo[2], el perro, el cerdo, la rata, el búfalo, el tigre y la liebre[3]. Todos los animales tienen sus virtudes y sus defectos. Algunos animales son compatibles entre sí[4] y otros no. ¿Quieres saber cuáles son compatibles?

Todos los años se publica el horóscopo chino y lo puedes conseguir fácilmente en cualquier librería. Para saber qué animal eres solamente necesitas el año de tu nacimiento y así podrás conocer cuáles son tus cualidades, con qué otros animales eres compatible y el futuro que te espera durante el próximo año. ¡Es muy entretenido!

El calendario romano

El calendario que nosotros usamos viene del calendario romano, que tiene doce meses que suman 365 días al año. Y cada cuatro años tiene un año bisiesto[5], es decir que tiene 366 días.

Es interesante saber que los nombres de los meses vienen del idioma latín. En algunos casos significan un homenaje a los dioses romanos, como "febrero" (en honor a la diosa Februa). Otros recuerdan a los grandes emperadores, como "julio" (por Julio César); y otros simplemente significan un número de orden, como "noviembre" (por ser el noveno mes del antiguo calendario romano).

El calendario romano es la guía principal de los granjeros, porque con él pueden saber cuándo son las épocas de lluvias, las de sequía[6], los cambios de luna, y otros factores que pueden afectar sus cosechas. Todos los años se publica un libro titulado *El almanaque de los granjeros,* que contiene datos de astronomía, tabla de mareas[7], y pronóstico del tiempo[8] para todo el año. También hay artículos interesantes sobre los fenómenos naturales y el cuidado de plantas y jardines.

Para recordar la cita con el doctor, para planear las vacaciones o para tener buenas cosechas... ¡El calendario romano nos ayuda a todos!

[1] ram
[2] rooster
[3] hare
[4] with each other
[5] leap
[6] dry season
[7] tides
[8] weather report

¿COMPRENDISTE TÚ?

Lee las siguientes oraciones relacionadas con la lectura y complétalas con la opción correcta.

1. Los calendarios de cada cultura son…

   a. parecidos   b. iguales   c. diferentes

2. Para los … es muy importante el uso del calendario.

   a. guerreros   b. animales   c. granjeros

3. Uno de los animales del calendario chino es el…

   a. ratón   b. gallo   c. león

4. El calendario azteca tiene … días.

   a. 360   b. 365   c. 20

5. En el centro del calendario azteca está…

   a. la Piedra del Sol   b. la Luna   c. el Sol

6. Los aztecas demostraron que fueron grandes…

   a. químicos   b. científicos   c. granjeros

7. Un año bisiesto tiene … días.

   a. 364   b. 365   c. 366

8. Los nombres de los meses del calendario romano vienen del…

   a. italiano   b. latín   c. romano

Actividad

En una hoja de papel, escribe tu opinión sobre los siguientes puntos:

1. No importa qué calendario se use siempre que nos provea lo que necesitamos.

2. En la realidad, algunos de los animales del calendario chino son agresivos. Eso puede causar confusión en las personas que leen el horóscopo chino.

3. El calendario azteca ofrecía mucha información. Deberíamos usar este calendario en lugar del calendario romano.

4. Para evitar confusiones, en todo el mundo se debería usar el mismo calendario.

Actividad 2

Mira la siguiente información sobre el horóscopo chino. Averigua qué animal te corresponde. ¿Tienes las características de ese animal? Comparte tus resultados con un(a) compañero(a).

EL HORÓSCOPO CHINO

	Tu signo	Año de tu nacimiento		Tu signo	Año de tu nacimiento
	rata	2008, 1996, 1984, 1972, 1960, 1948, 1936, 1924		caballo	2002, 1990, 1978, 1966, 1954, 1942, 1930, 1918
	cerdo	2007, 1995, 1983, 1971, 1959, 1947, 1935, 1923		serpiente	2001, 1989, 1977, 1965, 1953, 1941, 1929, 1917
	perro	2006, 1994, 1982, 1970, 1958, 1946, 1934, 1922		dragón	2000, 1988, 1976, 1964, 1952, 1940, 1928, 1916
	gallo	2005, 1993, 1981, 1969, 1957, 1945, 1933, 1921		liebre	1999, 1987, 1975, 1963, 1951, 1939, 1927, 1915
	mono	2004, 1992, 1980, 1968, 1956, 1944, 1932, 1920		tigre	1998, 1986, 1974, 1962, 1950, 1938, 1926, 1914
	carnero	2003, 1991, 1979, 1967, 1955, 1943, 1931, 1919		búfalo	1997, 1985, 1973, 1961, 1949, 1937, 1925, 1913

REPASO GRAMATICAL

Recuerda que el **pretérito** se usa para expresar acciones que se completaron en el pasado. Contesta las siguientes preguntas con tu propia opinión usando el pretérito.

1. Antes de la existencia del calendario, ¿cómo controlaba el tiempo la gente?

2. ¿Por qué los chinos escogieron animales para su calendario y no otros elementos naturales?

3. Los aztecas y los romanos tenían un calendario similar. Según tu criterio, ¿qué es lo mejor de cada uno?

4. ¿Por qué en los últimos años el horóscopo chino se hizo más popular en los países occidentales?

5. ¿Los romanos eligieron correctamente los temas para nombrar los meses?

El calendario de los incas

Los incas tenían un calendario basado en las observaciones de la Luna y el Sol. Este calendario dividía al tiempo en doce meses según las fases de la Luna, y estaba asociado con los ciclos agrícolas y las estaciones ya que la agricultura era la actividad principal de esta civilización.

Los incas también tenían relojes solares compuestos de piedras colocadas en círculo, con una vara *(stick)* en el centro. La sombra de la vara era el índice que los altos funcionarios y sacerdotes *(priests)* observaban. El ciclo astronómico era un período de sesenta años.

Una prueba En el jardín de tu casa, o en el parque, clava una pequeña vara sobre el césped. Revisa la posición de la sombra de la vara a diferentes horas del día y dibújala en una hoja de papel anotando la hora correspondiente. Luego compara tus dibujos con un(a) compañero(a).

Así lo dicen...

ANTES DE LEER...

escuelas

¿QUÉ SABES TÚ?

Si quieres buscar una escuela nueva para asistir, ¿cómo la buscarías? Haz una lista de maneras para buscar la información que necesitas.

¡A VISTA DE PÁJARO!

Ahora, mira rápidamente la lectura. ¿Dónde está buscando el narrador su información? ¿Te parece una manera útil?

La educación secundaria varía mucho en los países hispanos. Hay distintos tipos de escuelas y los jóvenes pueden elegir a cuál ir según la carrera que quieran seguir en el futuro.

Hay escuelas públicas, donde el estudiante recibe educación gratuita, y escuelas privadas, donde deben pagar una cuota mensual.

Todas las escuelas secundarias tienen la misma base educativa, pero algunas ponen énfasis en las actividades técnicas, otras en los idiomas, otras en la actividad física, en las artes o en las matemáticas.

secundarias.com

| ⟵o Anterior | o⟹ Siguiente | 🏠 1ª Página | ✏ Reinstalar | 🔍 Imágenes | 📥 Abrir | 🖨 Imprimir | 🔎 Buscar | ⬤ Parar |

Colegio de San Ignacio, Santander, España

CONEXIONES:

Escuelas secundarias:
particulares[1]:
Venezuela: Escuela Técnica Ingeniero Grau

Escuelas secundarias:
particulares:
Colombia: Escuela Americana Escudos Universales

Escuelas secundarias:
públicas:
Latinoamérica

El colegio de San Ignacio es una escuela privada y mixta, es decir que asisten varones y mujeres. Los estudiantes no tienen la obligación de usar uniforme, pero deben vestirse de una manera apropiada y conservadora.

El horario es de lunes a viernes, de 7:30 a 12:30 a.m. Cada clase dura cuarenta y cinco minutos y los recreos son de diez minutos.

En total son cinco años de estudio, empezando a los trece años de edad y terminando a los diecisiete.

Los estudiantes cursan todo tipo de materias, como matemáticas, lenguaje, historia, geografía, ciencias, estudios sociales, música, educación física, religión e idioma extranjero. Sus calificaciones deben tener un promedio de siete puntos para pasar al siguiente año. Al terminar el quinto año se gradúan de bachilleres.

Los estudiantes que desean seguir una carrera contable pueden elegir el programa de estudios contable, que pone énfasis en materias como contabilidad, mecanografía[2] y estadística. Al terminar el secundario se gradúan de peritos mercantiles[3].

Si quieren más información sobre nuestra escuela, por favor por escrito.

[1] private   [2] typing   [3] equivalent to Associate Degree in Business

| Anterior | Siguiente | 1ª Página | Reinstalar | Imágenes | Abrir | Imprimir | Buscar | Parar |

Escuela Técnica Ingeniero Grau, El Dorado, Venezuela

La Escuela Técnica Ingeniero Grau, como todas las escuelas técnicas, pone especial énfasis en el desarrollo y práctica de actividades relacionadas especialmente con la física y la química, sin dejar de lado las materias esenciales de las escuelas secundarias.

Para ello, los estudiantes tienen doble turno. Durante la mañana cursan las materias regulares y por la tarde las actividades de taller[1], donde practican distintos experimentos, usando desde tubos de ensayo hasta tableros electrónicos. También tienen una materia especial llamada dibujo técnico, donde aprenden a dibujar planos.

Cerca del final de cada año lectivo[2], la escuela organiza una feria de ciencias, donde los estudiantes le ofrecen al público una muestra de experimentos e inventos hechos por ellos mismos.

La secundaria técnica es mixta y dura seis años. Ofrece la ventaja de que los jóvenes técnicos que se gradúen en esta escuela no necesitan dar un examen de ingreso a la universidad, en caso de que el estudiante quiera seguir una carrera técnica. Y el estudiante de sexto año que tenga mejores calificaciones participa de una visita al Instituto Tecnológico de Massachusetts (MIT).

Si quieres más información sobre nuestra escuela, haz "click" en una de las siguientes opciones:

❏ escuelas con pago en cuotas

❏ actividades extraprogramáticas

[1] laboratory
[2] teaching

CONEXIONES:

Escuelas secundarias:
particulares:
Colombia: Escuela Americana Escudos Universales

Escuelas secundarias:
públicas:
Latinoamérica

Anterior | Siguiente | 1ª Página | Reinstalar | Imágenes | Abrir | Imprimir | Buscar | Parar

Escuela Americana Escudos Universales, Medellín, Colombia

La Escuela Americana Escudos Universales es una escuela privada que ofrece un plan de estudios intensivo, abarcando distintas disciplinas. En sus cinco años de duración le brinda al estudiante los conocimientos necesarios para emprender cualquier carrera universitaria.

Durante la semana, en sus turnos de mañana o tarde, la escuela cuenta con un grupo de profesores de ciencias, artes y estudios sociales que los preparan gradualmente para lograr un ingreso directo a la universidad.

Además de su horario regular, el estudiante debe asistir a otras materias que se dan en diferentes horarios: laboratorio y computación (una hora semanal) y educación física (varones: miércoles a las 7:00 p.m.; mujeres: jueves a las 7:00 p.m.). Estas materias están incluidas en la cuota que el estudiante paga mensualmente. Es obligatorio el uso de uniforme en todas las materias.

La escuela también ofrece numerosas actividades extraprogramáticas, como el coro juvenil, la orquesta, la liga de fútbol, baloncesto y voleibol, natación, campamentos, torneos de ajedrez y segundo idioma extranjero. El estudiante tiene acceso a estas actividades con el pago de una cuota adicional por cada una. Estas materias son optativas y no se requiere uniforme.

Las instalaciones de la escuela cuentan con una completa biblioteca, un gimnasio polideportivo y un amplio auditorio.

Otras opciones:

❐ Escuelas públicas

❐ Escuelas de educación física

❐ Escuelas comerciales

❐ Escuelas de magisterio

❐ Escuelas religiosas

¿COMPRENDISTE TÚ?

Lee las siguientes oraciones e indica si son ciertas o falsas. Si son falsas, explica el porqué.

	CIERTO	FALSO
1. En los países hispanos, todas las escuelas secundarias son iguales.	☐	☒
2. Los estudiantes pueden elegir a qué escuela ir.	☒	☐
3. Las escuelas públicas son gratuitas.	☒	☐
4. En el Colegio de San Ignacio, los estudiantes no tienen recreo entre clase y clase.	☐	☒
5. Las escuelas mixtas son solamente para mujeres.	☐	☒
6. Los estudiantes de las escuelas técnicas deben ir a la mañana y a la tarde.	☒	☐
7. Las escuelas técnicas ponen énfasis en la educación física.	☐	☒
8. El segundo idioma extranjero es una de las actividades de las escuelas privadas.	☒	☐
9. Los estudiantes de una escuela técnica se gradúan de peritos mercantiles.	☐	☒
10. Los estudiantes de algunas escuelas privadas deben ir con uniforme.	☒	☐

Actividad 1

Es necesario estudiar para obtener un buen empleo. Lee las siguientes cualidades y empareja cada persona con las profesiones que puede seguir. Cada persona puede tener varias opciones.

1. A Melissa le encanta el español. A   a. traductor(a)
2. A Carlos le gusta usar la computadora. D   b. ingeniero(a)
3. Pedro escribe muy bien. E   c. profesor(a)
4. A Esteban le gusta hacer cálculos. H   d. editor(a)
5. A Laura le gusta viajar mucho. B   e. guía de turismo
6. Daniel tiene mucha facilidad con los números. C   f. médico(a)
7. A Adriana le encanta guisar. G   g. contador(a)
8. José sacó buenas notas en sus cursos de ciencia. F   h. cocinero(a)

escuelas secundarias.com

¡Aprendamos más!

Un estudiante atraviesa distintas etapas y a medida que aumenta su nivel, debe estudiar en diferentes lugares. En cada lugar recibirá un título especial.

El sistema escolar

el jardin de infantes	*kindergarten*
la escuela primaria	*elementary school*
el colegio, el liceo, el instituto, el bachillerato	*secondary school*

Los títulos

el bachiller (de ciencias, normal)	*High School diploma*
el perito mercantil (comercial)	*High School diploma*
el técnico	*High School diploma*
la licenciatura	*B.A. degree*
la maestría	*Master's degree*
el doctorado	*Ph.D. degree*

La duración

trimestre	*trimester*
semestre	*semester*
año	*year*

Especialidades

El Instituto de Bellas Artes	*Institute of Fine Arts*
El Instituto de Informática	*Computer Institute*
El Instituto de Lenguas	*Languages Institute*

Actividad 2

Para cada condición que aparece en la siguiente tabla, escoge la profesión (o profesiones) de la Actividad 1 que tú creas que la cumple o añade tus propias profesiones.

Profesión

1. Dos meses de vacaciones de verano _____
2. Horas muy flexibles _____
3. Buen sueldo _____
4. Oportunidad de conocer a mucha gente _____
5 Oportunidad de ser creativo(a) _____
6. Oportunidad de usar dos idiomas _____
7. Trabajo con computadoras _____
8. Acceso a la biblioteca _____

 Actividad 3

Completa las siguientes oraciones con las palabras apropiadas de **¡Aprendamos más!**

1. Este __ __ __ ☐ __ __ __ __ tengo mucha tarea para mis clases.
2. Los niños de cinco años van al jardin de __ __ __ __ __ __ __ ☐.
3. Si quieres aprender a pintar, puedes ir al Instituto de
   __ __ __ __ __ __ __   __ __ ☐ __ __.
4. Linda va al __ __ __ __ __ __ ☐ __ __ de Lenguas para aprender francés.
5. Para completar su carrera universitaria, Marco va a estudiar para el
   ☐ __ __ __ __ __ __ __.
6. Mi hermano tiene 9 años y va a la escuela __ __ __ __ __ __ ☐ __.
7. Con dos años adicionales de universidad, después de graduarse, puedes sacar una __ ☐ __ __ __ __ __ __.
8. En el año escolar, hay tres __ __ __ __ __ __ ☐ __ __.

Las letras encuadradas contestarán esta pregunta:
"¿Qué se necesita hacer para graduarse?"

¡ ☐☐☐☐☐☐☐☐ !

 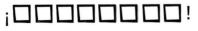

Actividad **4**

Con un(a) compañero(a), pónganse de acuerdo y escriban una composición sobre un nuevo tipo de escuela creada por ustedes mismos. Miren nuevamente la lectura y escojan las mejores características de cada escuela. Luego agreguen otras cosas que a ustedes les gustaría tener en su escuela.

Actividad **5**

Elige la opción correcta para completar las siguientes oraciones.

1. Un niño de cuatro años está listo para ir…

   a. al liceo militar   b. a la escuela primaria   c. al jardín de infantes

2. Jorge quiere hacer la carrera universitaria completa. Va a hacer todos los cursos hasta…

   a. la maestría   b. el doctorado   c. la licenciatura

3. Daniel es bachiller y ahora quiere ser médico. Debe ir…

   a. a la universidad b. al instituto   c. al colegio

4. Mariana acaba de empezar el tercer grado. Estará en cuarto … que viene.

   a. la semana   b. el año   c. el semestre

5. Ricardo es maestro de español, pero va a ir … para aprender un poco de italiano.

   a. a una escuela secundaria privada
   b. a estudiar lingüística a la universidad
   c. a un instituto de idiomas extranjeros

Así lo dicen...

¿QUÉ SABES TÚ?

Imagina que tienes que hacer un viaje largo, pero no puedes hacerlo en avión. ¿Qué medio de transporte escogerías? ¿Viajarías solo o con un grupo de amigos?

¡A VISTA DE PÁJARO!

Mira la lectura rápidamente para ver si se trata de lo siguiente:

1 Un viaje a India
2 Un viaje muy corto
3 Un viaje de Cristóbal Colón
4 Un viaje de Fernando Colón

El viaje de Fernando

Todos saben que Cristóbal Colón llegó al Nuevo Mundo en 1492. Pero... ¿sabes que su hijo Fernando, de trece años, lo acompañó en su cuarto viaje?

"El domingo siguiente, un 7 de octubre, al salir el Sol se vio tierra al Occidente." —Fernando Colón

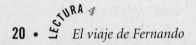

C uando partieron desde el puerto de Cádiz, España, Fernando sintió nostalgia mientras se alejaban. Él había vivido en la corte de la reina Isabel como uno de los pajes[1] y se había acostumbrado al lujo y al tiempo libre para leer. A Fernando le encantaban los libros. ¡Leer era su pasatiempo favorito!

Fernando no era el único joven que formaba parte de la tripulación[2]. Había cincuenta y cuatro muchachos entre la edad de doce y dieciocho años en los cuatro barcos de la flotilla. Cristóbal Colón pensaba que estos jóvenes eran buenos marineros y además muy valientes. Gozaban de buena salud, eran fuertes, tenían energía y se quejaban menos que los marineros viejos.

Los descubrimientos de Fernando

A pesar de que Cristóbal Colón ya tenía cincuenta y un años y sufría de artritis, deseaba encontrar el pasaje a las Indias. Él creía que el pasaje estaba cerca de lo que hoy es Cuba. Y creía que Cuba era parte de la China.

N
O   E
S

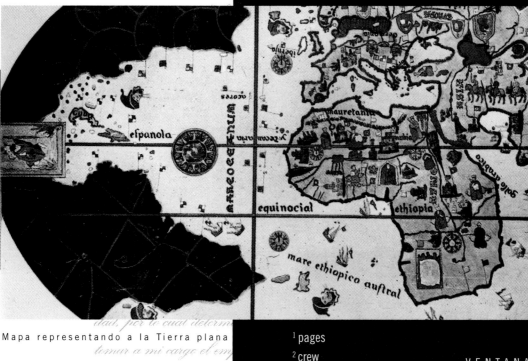

Mapa representando a la Tierra plana

[1] pages
[2] crew

Después de veintiún días de ver nada más que océano, al navegar por el Caribe Fernando se dio cuenta de que existían muchas cosas que nunca había encontrado en sus libros. En la cubierta[1] del barco pasó horas divertidas con sus binoculares mirando lo que al principio le parecieron gatos grises saltando de un árbol a otro. Más tarde se enteró de que eran monos.

Cada día de su viaje estuvo lleno de sorpresas y también de miedos. Fernando cuenta que un día la tripulación pescó un pez raya gigante. En su diario escribió: "el pez era tan grande como una cama."

Problemas en el mar

Después de ocho meses de navegar por todo el Caribe, se quedaron sin las provisiones que habían traído de España. Se encontraron con huracanes, pero lo bueno de éstos es que causaban tanta agitación en el mar que los tiburones venían a rodear los barcos. Fernando escribe que afortunadamente los marineros pudieron pescar los tiburones para proveerse de comida.

La falta de comida no fue el único problema. Unos insectos llamados "teredos"[2] se comieron la madera de dos barcos. El agua empezó a entrar en los barcos y Colón le ordenó a su tripulación que los abandonaran. En corto tiempo los otros dos barcos se encontraron en las mismas condiciones y tuvieron que desembarcar en una isla.

[1] deck   [2] termites

"Era muy difícil para el Almirante navegar entre tantos bancos e islas."
— Fernando Colón

LECTURA 4
El viaje de Fernando

Durante un año, Cristóbal Colón, Fernando y la tripulación fueron náufragos[1] en la isla que actualmente es Jamaica, hasta que fueron rescatados por un barco que los llevó de regreso a España.

El regreso a España

Dos años más tarde Colón murió en España. Antes de morir, él le escribió a la reina Isabel diciéndole que su hijo Fernando se había portado "como un marinero de ochenta años".

Fernando Colón hizo un viaje más al Nuevo Mundo y cuando volvió a España dedicó el resto de su vida a coleccionar libros y a escribir un libro que se tituló *La vida del almirante Cristóbal Colón*.

Según los historiadores, el libro de Fernando es la mejor fuente de información sobre la vida de uno de los más grandes exploradores del mundo: su papá.

[1] shipwrecked

¿COMPRENDISTE TÚ?

Lee las siguientes oraciones. Luego completa los espacios en blanco con una palabra apropiada según la lectura.

1. Fernando era el ... de Cristóbal Colón.

2. Fernando era uno de los ... de la corte.

3. En su viaje al Nuevo Mundo utilizaron ... barcos.

4. Navegaron mucho tiempo por el mar ...

5. Fernando vio ... con sus binoculares.

6. Los ... comieron la madera de los barcos.

7. Después de estar un año en Jamaica, un ... los rescató.

8. ... escribió un libro.

Actividad Mira el mapa del cuarto viaje de Cristóbal Colón y contesta las siguientes preguntas:

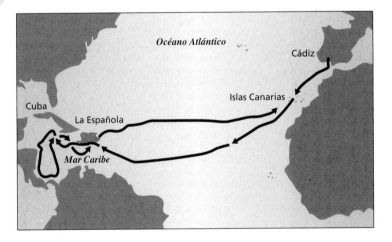

1. ¿En qué continente está el puerto de Cádiz?

2. ¿Cuál fue la primera parada del viaje?

3. ¿Cómo se llama actualmente la isla La Española?

4. Después de recorrer las islas del Caribe, ¿adónde fueron?

5. ¿Crees que cuando regresaron a España, el viaje fue más agradable? Explica tu respuesta.

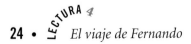

¡Aprendamos más!

Cuando viajas en avión, puedes escoger distintos tipos de vuelo, puedes sentarte en diferentes lugares del avión y puedes pedir ayuda a algunas personas. Mira la siguiente lista y aprenderás algo más.

Viaje en avión

vuelo directo	*non-stop flight*
con escala	*with stopover*
el pasaje (el boleto)	*ticket*
el equipaje	*luggage*

El asiento

asiento de ventanilla	*window seat*
asiento del pasillo	*aisle seat*
fumador	*smoking*
no fumador	*non smoking*

Para estar más cómodo(a)

la manta	*blanket*
la almohada	*pillow*
los auriculares	*headphones*

¿Quién te ayuda?

el(la) empleado(a) del mostrador	*ticket agent*
el/la auxiliar de vuelo (azafata)	*flight attendant*

Actividad 2

En grupos de tres representen una situación con tres personas que están en el aeropuerto: el (la) pasajero(a), el (la) empleado(a) del mostrador y el (la) auxiliar de vuelo. Utilicen las palabras del vocabulario para representar desde la compra del pasaje hasta el momento del vuelo.

Actividad 3

Lee las siguientes oraciones y complétalas con las palabras correctas de **¡Aprendamos más!**

1. Quiero escuchar música. ¿Dónde están los …?

2. Me gustaría ver la ciudad cuando el avión despegue. ¿Puedo sentarme en un …?

3. Cuando tienes prisa, es mejor tomar un … para llegar más rápido.

4. Si tengo frío, puedo pedir una ….

5. El … nos explica las instrucciones en caso de urgencia.

REPASO GRAMATICAL

Superlativos

Recuerda que los adjetivos que terminan en **-ismo** aumentan el valor de sus características. También se puede usar **el (la, los, las) … más (menos)** para crear una construcción comparativa.

Repasa la lectura y mira las fotografías. Asocia las ilustraciones con la palabra que mejor la describe.

MODELO   pequeño

El barco viejo es el más pequeño.

1. bonito
2. fuerte
3. lento
4. feo
5. grande

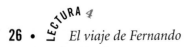

UNA VENTANA MÁS

Los viajes de Colón Entre 1492 y 1504, Cristóbal Colón hizo cuatro viajes y en cada uno fue descubriendo nuevos lugares.

En el primer viaje salió del Puerto de Palos, Portugal, y navegó hasta La Española, hoy República Dominicana, luego pasó por Cuba y regresó. En el segundo salió de Cádiz, España, y recorrió todas las islas del Caribe, con Puerto Rico y Jamaica.

Dos años después realizó su tercer viaje saliendo de Sanlúcar, España. Se detuvo en las Islas del Cabo Verde, al oeste del África y después navegó hasta Trinidad, una isla al noreste de Sudamérica. Luego siguió hasta La Española y regresó a España.

En el cuarto y último viaje recorrió nuevamente el Caribe y llegó hasta Centroamérica. En todos sus viajes pasó por las Islas Canarias.

Usando el libro escrito por Fernando Colón u otro libro sobre Cristóbal Colón, encuentra unos datos poco conocidos sobre el almirante. Escríbelos en tarjetas individuales y tráelos a la clase. Usa las tarjetas en un juego de "trivialidades" sobre la vida de Colón.

Así lo dicen...

El que no arriesga no gana

¿QUÉ SABES TÚ?

¿Qué tienen en común los chiles y el chocolate? Haz un diagrama de Venn para probar tu conocimiento.

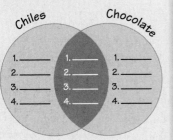

Chiles   Chocolate

1. _____   1. _____   1. _____
2. _____   2. _____   2. _____
3. _____   3. _____   3. _____
4. _____   4. _____   4. _____

Los dos

¡A VISTA DE PÁJARO!

Ahora mira la lectura y encuentra los siguientes datos sobre el chile y el chocolate.

1. El origen de la palabra "chocolate"

2. Los países donde se come mucho chile

3. Una especie de chile para hacer salsas

4. El país donde se inventó la barra de chocolate

Chiles y chocolate

Entre todos los productos naturales que formaron parte de la alimentación de los aztecas, los que recibían más importancia eran los chiles y el cacao[1], ¡dos sabores distintos!

Los aztecas usaban los chiles para condimentar la comida y el cacao para preparar una bebida caliente llamada "xocoatl" en idioma náhuatl ("chocolate", en español).

Para aprender algunas cosas interesantes sobre estos dos productos, lee la siguiente lectura y quizás[2] se te abra el apetito.

¡No todos *los chiles* son iguales!

Los indígenas cultivaron chiles hace más de 3.000 años. Cuando Cristóbal Colón llegó a América, llevó chiles en su viaje de regreso a España y a Portugal. De allí los chiles pasaron al resto de Europa, a la India y al África.

[1] cocoa
[2] perhaps

El chile es uno de los principales condimentos de la comida mexicana, guatemalteca y del suroeste de los Estados Unidos. Se usa para cocinar platos muy ricos y para conseguir el sabor picante de las salsas que se echan en sus platillos.

Pero no todos los chiles son iguales. Hay más de cien tipos, de formas diferentes y de distintos colores. Y algunos son más picantes que otros.

Los expertos dicen que toda la variedad de chiles proviene de un chile silvestre[3]: el chile Piquín. Este chile es el más pequeño y es bastante picante. Es muy parecido al "cayenne" de Luisiana.

Chiles sabrosos y picosos

♪	**Pimiento**	Chile de California y España. Se conoce como "paprika".
♪ ♪	**Mirasol (Guajillo)**	Chile seco del centro y del norte de México. Se usa en enchiladas y en algunas salsas.
♪ ♪	**Pasilla**	Chile seco del centro de México. Es el ingrediente principal de muchas salsas y moles.
♪ ♪ ,	**Ancho**	Chile seco de Puebla, México. Se utiliza en la preparación de diferentes moles y salsas.
♪ ♪ ♪	**Jalapeño**	Chile fresco de México, Tejas y el suroeste de los EE.UU. Se usa para hacer salsas. Es uno de los más populares en todo el mundo.
♪ ♪ ♪ ♪	**Serrano (Chile verde)**	Chile fresco de México y el suroeste de los EE.UU. Se consume en salsas y en encurtidos *(pickled vegetables)*.
♪ ♪ ♪ ♪ ♪	**Habanero**	Chile fresco de Sudamérica. De color amarillo, rojo y anaranjado, es uno de los chiles más picantes. ¡Cuidado!

sabroso   un poco picante   picantísimo

♪   ♪ ♪ ,   ♪ ♪ ♪ ♪ ♪

[3] wild

El chocolate: ¡un regalo de los dioses!

Frío, caliente, en barras, en dulces, en comida, en helado... No importa cómo, para mucha gente el chocolate es un verdadero manjar[1].

Se dice que Moctezuma II, el emperador de los aztecas, tomaba chocolate caliente y espumoso[2] después de comer porque esta bebida le daba mucha energía. Moctezuma creía que el chocolate era una bebida de los dioses.

El chocolate proviene del cacao, que es un fruto ovalado lleno de semillas carnosas[3] que se secan al sol.

Los aztecas mezclaban las semillas con agua caliente para hacer una bebida de chocolate, que era amarga[4] porque no contenía azúcar. También preparaban una pasta con harina y vainilla. Y algo muy importante: ¡los aztecas usaban las semillas de cacao como dinero!

Cuando Hernán Cortés llevó el chocolate a España, al principio fue una bebida de la aristocracia europea. Con el tiempo se le añadió vainilla y azúcar y se hizo popular.

¡El chocolate de hoy!

¿Quién no conoce las famosas barras de chocolate? Todo empezó en 1828, en Holanda. Allí molían el cacao, lo mezclaban con azúcar y hacían moldes. Años después, en Suiza, se le agregó[5] leche. Así nació el rico chocolate que todos conocemos.

¿Es bueno comer chocolate? Sí, pero con moderación. El chocolate es muy nutritivo. Además tiene una función medicinal. La manteca de cacao[6] se usa para preparar productos farmacéuticos.

¿Qué te parece? El chocolate es un alimento riquísimo y puede ser un buen regalo. Cada vez que pruebes chocolate, acuérdate de los aztecas. ¡Gracias a ellos lo puedes disfrutar!

[1] delicious food   [3] meaty   [5] added
[2] foamy   [4] bitter   [6] cocoa butter

¿COMPRENDISTE TÚ?

Completa el siguiente crucigrama usando las palabras de la lectura.

Horizontales
2. País adonde Colón llevó chiles
5. Temperatura del chocolate que bebían los aztecas
6. Lugar de los EE.UU. donde se cultiva el jalapeño
8. Idioma que dio origen a la palabra "chocolate"
10. Ingrediente de la barra de chocolate

Verticales
1. El chile original
3. Sinónimo de "deliciosa"
4. País donde se come chile
7. Chile para hacer salsas
9. Que no es amargo

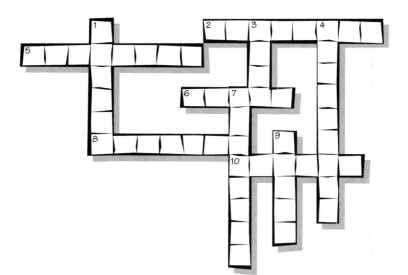

Actividad

Lee cada frase y escoge la letra que corresponda a la respuesta correcta.

1. Los … usaban las semillas de cacao como monedas.
   a. europeos   b. españoles   c. aztecas

2. Los aztecas consideraban al cacao como un … de los dioses.
   a. regalo   b. dinero   c. árbol

3. Los … cultivaron chiles hace más de 3.000 años.
   a. marinos   b. indígenas   c. holandeses

4. El chile ancho se usa principalmente en…
   a. barras de chocolate   b. productos farmacéuticos   c. mole

5. Muchos cosméticos tienen como ingrediente … de cacao.
   a. la hoja   b. la manteca   c. la bebida

¡Aprendamos más!

En la cocina

Cuando cocinas, hay unos ingredientes, utensilios y aparatos electrodomésticos que siempre debes tener a mano. Esta lista te ayudará.

Unos productos esenciales

el aceite	*oil*
el vinagre	*vinegar*
la harina	*flour*
el huevo	*egg*
la mantequilla	*butter*
la margarina	*margarine*
la sal	*salt*
la pimienta	*pepper*

Unos utensilios

un bol	*bowl*
una cacerola	*saucepan*
la tetera	*kettle*
la olla	*pot*
la sartén	*frying pan*
una taza de medir	*measuring cup*
un abrelatas	*can opener*

Unos aparatos electrodomésticos

el horno	*stove, range*
el horno de microondas	*microwave oven*
la lavadora de platos (un lavaplatos)	*dishwasher*
el refrigerador (la nevera, la heladera)	*refrigerator*

Necesito comprar...
huevos
aceite
sal
harina
mantequilla
pimienta

Actividad 2

Completa las siguientes oraciones usando palabras de la sección anterior.

1. Si quiero la cantidad exacta de leche, necesito usar la…

2. La mamá de Jorge siempre sirve la salsa para las tortillas en un … mediano.

3. Me gusta la ensalada con sal, … y …

4. Si vamos de campamento es importante traer un … para poder comer nuestras provisiones enlatadas.

5. Para hacer chocolate líquido necesito calentar el chocolate en una …

6. Cuando estoy apurado(a), cocino en el…

Chiles y chocolate

El mole poblano es una comida típica de México, hecha a base de chocolate y chiles. Si te animas a prepararlo, aquí está la receta.

MOLE POBLANO

Ingredientes

chiles (4 mulatos, 4 anchos, 4 pasillas, 4 guajillos), 1 cebolla, ajo, almendras, cacahuates *(peanuts),* una tableta de chocolate

Preparación

Fríe todos los ingredientes de a poco en una sartén. Luego ponlo en la licuadora y agrégale un cubito de caldo *(broth).* Debes cocinarlo durante dos horas hasta que tome un color marrón. Luego lo echas sobre un pavo o pollo cocido, ¡y listo!

En una hoja de papel, inventa una receta exótica utilizando algunos ingredientes del mole poblano y otros ingredientes que tú conozcas. No te olvides de nombrar los utensilios necesarios y los pasos para la preparación. Luego, comparte tu receta con la clase. Entre todos, elijan la que les parece más deliciosa.

Así lo dicen...

No tenerle miedo al chile aunque se vea colorado.

¿Qué sabes tú?

Con un(a) compañero(a), haz una lista de todas las celebraciones que tienen lugar afuera.

¡A vista de pájaro!

Ahora, mira rápidamente la lectura. ¿Se trata de algunos de los días festivos que tienes en tu lista?

¡A celebrar en la calle!

El año nuevo chino

Esta fiesta es muy importante y no sólo en China sino también en otros países donde la comunidad china es muy grande, como los Estados Unidos. Hoy día, el festejo del año nuevo chino se conoce también como el Festival de la Primavera porque coincide[1] con el inicio[2] de esta estación.

La víspera[3] del año nuevo chino se celebra con una gran cena y se desea el crecimiento de la familia. A la medianoche el cielo se ilumina con fuegos artificiales. Al día siguiente comienzan a recorrer las calles para saludar a sus amigos de puerta en puerta y darles regalos. Hay festivales y desfiles por todas las calles. El evento más importante es la danza del dragón y la del león. En estas danzas se lleva una enorme cabeza del animal y la gente forma una gran fila detrás.

La danza del dragón se inventó para detener las epidemias; luego se transformó en un espectáculo folclórico. La danza del león originalmente se usaba para adorar[4] a la lluvia; ahora es simplemente un entretenimiento en donde el león trata de atrapar a un payaso[5] que salta de un lado a otro. Es una tradición verdaderamente distinta y bella.

Las fiestas de San Isidro

El 15 de mayo se celebra la fiesta de San Isidro, el agricultor, el patrón de Madrid. Pero ¡la fiesta no dura un día! La fiesta dura una semana. Empieza con conciertos públicos en la Plaza Mayor donde miles de personas vienen a escucharlos por la noche. Miles de personas también asisten a las corridas de toros en la Plaza de Toros. En el mes de mayo hay veintisiete corridas consecutivas en honor a San Isidro.

¿Quién fue San Isidro? San Isidro fue un joven español muy piadoso. La leyenda cuenta que un día San Isidro decidió echar una siesta en lugar de trabajar en la agricultura. Dos ángeles que pasaban se compadecieron del joven Isidro, y ordenaron a los bueyes que cultiven el campo. San Isidro es el patrón de los milagros.

[1] coincides	[3] eve	[5] clown
[2] beginning	[4] to worship	

Handwritten margin notes:
- Chineese new year + spring festival are on the same nights
- big dinner
- fireworks @ midnight
- run through the streets going door to door w/ gifts for friends
- dragon/lion dance
- May 15th
- week long
- begins w/ concerts

El carnaval

Cuando se habla del carnaval, todo el mundo piensa en Brasil. A pesar de que el carnaval también se festeja en otros países, como Puerto Rico, Argentina y Perú, el carnaval brasileño tiene una característica especial: es el más importante por sus desfiles, vestuario[1] y música.

Durante cuatro días las calles se visten de fiesta y toda la gente sale a bailar. ¡En algunas ciudades dura hasta una semana!

Es un tiempo festivo que se toma como punto de partida para una nueva etapa. La atracción principal son las comparsas[2] y las escuelas de samba, el baile tradicional de Brasil. Las escuelas de samba preparan su espectáculo con muchos meses de anticipación, con disfraces y vestidos de gran colorido y con música alegre.

Originalmente el carnaval fue una fiesta religiosa. Con el tiempo se fue transformando hasta llegar a este gran baile popular. ¿Te imaginas? Días y días de fiesta… ¡sin parar!

El 4 de julio

Este día es la gran fiesta de los Estados Unidos, donde el país entero festeja su independencia. Varios días antes, la gente pone banderas de los Estados Unidos en la puerta de sus casas y en sus jardines, esperando la llegada del 4 de julio.

Finalmente llega el día, ¡es fiesta nacional y nadie trabaja! Y como es verano, todos lo festejan afuera desde muy temprano. En las grandes ciudades hay desfiles militares, y en Washington, D.C. se puede presenciar el saludo del presidente de la nación.

Mucha gente se reúne en la casa de amigos o a orillas del río a preparar una deliciosa barbacoa. Se organizan bailes en las calles y se ofrecen espectáculos gratuitos en anfiteatros y parques. Por toda la ciudad hay vendedores de salchichas[3], sodas, banderas y prendedores[4].

[1] costumes
[2] costumed groups
[3] hot dogs
[4] pins

La Candelaria

Es una fiesta de la religión católica y se celebra el 2 de febrero. Ese día se conmemora la presentación de Jesús en el templo y la purificación de la Virgen María.

Es un día de agradecimiento y desde muy temprano hay procesiones por todas las calles mostrando la imagen de la virgen. Toda la gente sale a participar de las procesiones demostrando mucha fe[1] y entusiasmo.

Esta festividad es muy importante para los católicos, sobre todo en los países latinoamericanos que tienen vasta[2] población indígena, como Bolivia, Perú, Colombia, México y Guatemala. Además, la Virgen de la Candelaria es la santa patrona de Bolivia.

La celebración de la Candelaria es una fiesta especial para pensar y agradecer por lo que se tiene.

La Navidad

Esta fiesta es muy importante en casi todo el mundo. Su origen es religioso y además de celebrar el nacimiento de Jesús, invita a la reunión de la familia.

Pero en México, esta festividad tiene algo especial. Durante los nueve días anteriores a la Navidad, los adultos y los niños se visten con trajes bíblicos llevando velas[3] encendidas e imágenes religiosas por las calles de su barrio, mientras cantan villancicos[4].

Estas procesiones se llaman "posadas", y representan la búsqueda que hicieron José y María para encontrar una posada[5] donde pudiera nacer Jesús.

Durante la procesión, deben golpear las puertas de nueve casas. Las primeras ocho casas no los reciben y deben seguir caminando. Cuando llegan a la novena[6] casa, la puerta se abre para recibirlos y comienza una gran fiesta con canciones, bailes, comida ¡y piñatas también!

[1] faith
[2] huge
[3] candles
[4] carols
[5] inn
[6] ninth

¿COMPRENDISTE TÚ?

Lee las siguientes frases y di si son ciertas o falsas. Si son falsas, explica el porqué.

	CIERTO	FALSO
1. El año nuevo chino se celebra en muchos países.	☒	☐
2. La fiesta del año nuevo chino es famosa por la danza del tigre.	☐	☒
3. Las fiestas de San Isidro se celebran con corridas de toros.	☒	☒
4. San Isidro es el patrón de España.	☐	☒
5. La característica principal del carnaval son los disfraces.	☒	☒
6. En Brasil festejan el carnaval durante una semana sin parar.	☒	☒
7. El 4 de julio la gente pone banderas de los Estados Unidos Mexicanos.	☐	☒
8. El 4 de julio no se puede comer carne.	☐	☒
9. La Virgen de la Candelaria es la santa patrona de varios países de Sudamérica.	☐	☒
10. En la Navidad, los niños mexicanos golpean las puertas de las casas para pedir comida.	☒	☒

En grupos de tres, discutan si están de acuerdo o no con los siguientes puntos. Lleguen a una conclusión en común y luego presenten sus comentarios a la clase.

1. En todos los días festivos, la familia debe estar reunida. Tú no debes celebrar por separado.
2. En las fiestas que celebran la independencia de los países, solamente debe haber desfiles militares.
3. Festejar el carnaval durante tantos días puede ser peligroso.
4. La procesión es lo más importante de una fiesta religiosa.
5. Es importante que toda la gente aprenda sobre las festividades de otras culturas.

Actividad 1 **Lee las siguientes frases y escoge la palabra que mejor complete cada una.**

1. En China, el año nuevo también se conoce como el Festival…

   a. del Dragón

   b. de la Primavera

   c. de las danzas

2. Originalmente, la danza del león servía para…

   a. adorar a la lluvia

   b. agrandar la familia

   c. detener las epidemias

3. Las fiestas de San Isidro se celebran con…

   a. piñatas

   b. un desfile militar

   c. conciertos públicos

4. En honor de San Isidro hay … corridas de toros en Madrid.

   a. quince

   b. veintisiete

   c. seis

5. El carnaval de Brasil dura…

   a. cuatro semanas

   b. cuatro meses

   c. cuatro días

6. Las escuelas de samba son…

   a. academias de baile

   b. fábricas de disfraces

   c. espectáculos de baile

7. El 4 de julio se festeja…

   a. en todo el país

   b. en Washington D.C.

   c. en el estado de Washington

8. La Candelaria es…

   a. una procesión navideña

   b. una fiesta católica

   c. una fiesta francesa

9. Las procesiones navideñas de México se llaman…

   a. villancicos

   b. novenas

   c. posadas

10. En la novena casa de las posadas…

    a. se quitan los disfraces

    b. se rompe la piñata

    c. se encienden velas

Actividad 2 **Imagina que hoy es un día festivo. En una hoja aparte haz una agenda con las actividades que vas a hacer desde la mañana temprano hasta la noche, incluyendo tipo de comida, música, vestuario y personas que te van a acompañar. No te olvides de mencionar qué vas a festejar.**

Actividad 3 Completa las siguientes oraciones de acuerdo con lo que leíste.

1. Originalmente, la danza del dragón se usaba para detener las...
2. Los toros son parte de las fiestas de...
3. A San Isidro lo ayudaron dos...
4. Se festeja el carnaval en Brasil y en otros países, como..., ... y ...
5. ... trabaja en los Estados Unidos el 4 de julio.
6. La Candelaria es un festividad muy importante para países donde hay una vasta población...
7. La Navidad celebra el nacimiento de...
8. En México, solamente la ... casa se abre para recibir la gente que golpea las puertas.

REPASO GRAMATICAL

Recuerda que los verbos que terminan en **-ar** usan la terminación **-aba** en el imperfecto. Y los verbos que terminan en **-er** e **-ir** usan la terminación **-ía**.

Modifica las siguientes oraciones de la lectura y escríbelas en el imperfecto. Escribe tus revisiones en otra hoja de papel.

1. La gente se reúne con sus familiares y amigos.
2. Al día siguiente comienzan a recorrer las calles.
3. La danza del dragón se inventó para detener las epidemias.
4. El 14 de julio es el día indicado.
5. Los toreros dan un buen espectáculo.
6. Las calles se visten de fiesta.
7. El carnaval fue una fiesta religiosa.
8. La gente pone banderas de los Estados Unidos.
9. Hay procesiones por todas las calles.
10. La puerta se abre para recibirlos.

Durante los días cercanos a la Navidad es muy común que escuches canciones navideñas por la radio, en la tele o en los centros comerciales. Estas canciones son muy antiguas pero hay muchos cantantes modernos que también las grabaron, como por ejemplo Gloria Estefan o Michael Bolton.

Aquí están los versos de una canción navideña muy tradicional en el mundo hispano. ¿Reconoces su equivalente en el inglés?

Noche de paz

¡Noche de paz, noche de amor!
Todo duerme en derredor.
Entre los astros que esparcen su luz
bella y anunciando al niñito Jesús,
brilla la estrella de paz.

¡Noche de paz, noche de amor!
Oye humilde el fiel pastor
coros celestes, que anuncian salud,
gracias y glorias en gran plenitud,
por nuestro buen Redentor.

¡Noche de paz, noche de amor!
Ve que bello resplandor
luce en el rostro del niño Jesús,
en el pesebre del mundo la luz.
Astro de eterno fulgor.

En grupos de tres escriban el significado de la letra de esta canción. Busquen en el diccionario las palabras que no conozcan y escriban su significado. Traten de conseguir una grabación de esta canción y tráiganla a la clase.

Así lo dicen...

Antes de Leer...

Una encuesta

Hazles las siguientes preguntas a diez personas y anota las respuestas.

- ¿Recuerdas enviarles tarjetas de felicitaciones a tus familiares en ocasiones especiales?

- ¿Tienes una libreta al día con los nombres, direcciones y teléfonos de tus amistades?

- ¿Qué haces para obtener un empleo?

- ¿Cuándo haces los quehaceres de la casa?

¿Qué conclusión general puedes hacer sobre las respuestas que recibiste? Ahora, lee la lectura para ver si tú y tus entrevistados son perfeccionistas.

1 **Lunes, 7:00 a. m.**
Clima: lluvioso

Suena tu despertador[1] y abres un ojo a medias. Estás cansadísimo. Apagas el despertador y...

a. te levantas tarde. PASA AL 3

b. sigues durmiendo. Tal vez tu mamá te despertará. PASA AL 2

c. te levantas inmediatamente. PASA AL 3

2 Chispa, tu perro, brinca y te despierta. Tú...

a. te vistes con la ropa que planchaste ayer. PASA AL 3

b. sacas al perro. Es tarde, pero no importa. PASA AL 4

c. sales con la misma ropa de ayer. PASA AL 3.

3 Faltaste a la primera clase. Tú...

a. hablas con tu mamá para que te escriba una nota. PASA AL 4

b. vas directamente a la segunda clase. ¡Ojalá[2] que nadie se haya fijado[3]! PASA AL 4

c. decides comprar un despertador nuevo. PASA AL 5

4 Durante el día, ves a la señora García, a quien le debes una tarea. Tú...

a. le das la tarea (toda arrugada[4]). PASA AL 6

b. le dices que tu perro la rompió. PASA AL 5

c. le dices que tienes que pasarla en limpio. PASA AL 7

[1] alarm clock
[2] hopefully
[3] has noticed
[4] wrinkled

¿Eres perfeccionista?

¿Conoces a alguien perfeccionista? Y tú, ¿eres perfeccionista?
Contesta las preguntas y sigue las instrucciones para ver si eres perfeccionista.

7 Después de la escuela, tú...
  a. regresas a tu casa para limpiar tu cuarto. PASA AL ▸ 8
  b. paras a comer algo. No importa que tu cuarto esté revuelto[1]. PASA AL ▸ 8
  c. estás tranquilo porque le pediste a tu mamá que limpiara el cuarto. PASA AL ▸ 9

8 Cuando llegan tus padres, te preguntan si había recados en la máquina contestadora. Tú...
  a. les das un papel (casi imposible de leer) con sus recados[2]. LEE ▸ B
  b. les das una lista ordenada. LEE ▸ A
  c. les dices que borraste los mensajes. LEE ▸ C

6 Tu amiga Mónica te pregunta si ya compraste los boletos para el concierto. Tú le dices que...
  a. todavía no tuviste tiempo. PASA AL ▸ 8
  b. tu hermano los va a comprar mañana. PASA AL ▸ 9
  c. ya los tienes. PASA AL ▸ 7

9 Es de noche. Ya estás listo(a) para meterse en la cama. La cama...
  a. está tendida[3]. LEE ▸ A
  b. está medio tendida con revistas encima. LEE ▸ B
  c. está exactamente como la dejaste en la mañana. LEE ▸ C

5 En la hora del almuerzo, tú...
  a. comes el sándwich que preparaste. PASA AL ▸ 7
  b. pides dinero prestado para comprar algo, aunque sea un chocolate. PASA AL ▸ 8
  c. compras una porción de pizza en la cafetería. PASA AL ▸ 6

A. Eres una persona perfeccionista y muy eficaz. Te esfuerzas mucho para que las cosas sean perfectas. Te encanta el orden y te gusta tener control de tu vida. Ten cuidado con la perfección porque no debe causarte infelicidad. Recuerda que de vez en cuando no tienes que ser tan eficaz.

B. Eres una persona bastante perfeccionista. Reconoces que hay un balance entre las cosas importantes y las que no lo son. Te das cuenta de que eres un ser humano y que no eres perfecto.

C. Eres una persona que necesita ser más responsable. Necesitas tomar el control de tu vida y de tus responsabilidades. Escribe el dicho "¡No dejes para mañana lo que puedes hacer hoy!" y ponlo en la puerta de tu cuarto. ¡Te ayudará!

[1] messed up
[2] messages
[3] is made

¡A VER! Di si estás de acuerdo o no con las siguientes frases. Explica tu opinión.

1. Es importantísimo hacer todo de la manera más perfecta posible.
2. Sólo los perfeccionistas tienen éxito en la vida.
3. Los perfeccionistas no deben ser amigos de las personas que no son perfeccionistas.
4. Si tus padres no son perfeccionistas, tú tampoco podrás ser perfeccionista.
5. Es bueno ser perezoso(a) de vez en cuando.

REPASO GRAMATICAL

Recuerda que el verbo **ser** se usa para indicar características de personalidad que son permanentes.

Ser justo/injusto *(to be fair/unfair)*
El maestro de matemáticas **es justo** con todo el mundo.
Si **eres injusto(a)** no vas a tener amigos.

Ahora escribe oraciones con el verbo **ser** y los siguientes adjetivos.

1. sensible *(sensitive)*
2. insensible *(insensitive)*
3. entusiasta *(enthusiastic)*
4. indiferente *(indifferent)*
5. flexible *(flexible)*
6. inflexible *(inflexible)*

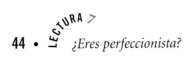

Usando las características del Repaso gramatical, di cómo son las siguientes personas. Luego escribe un párrafo corto, explicando tus características.

1. El autor recibió un premio y dio las gracias de una manera muy efusiva.

2. Jefferson Pérez ganó una medalla de oro en los Juegos Olímpicos. Dijo que quiere competir otra vez en el año 2000.

3. A Raquel le encanta su computadora. Ahora puede recibir correo electrónico *(e-mail)* de sus amigos que viven en otros estados.

4. Al Miguel le da lo mismo si lo invitan o no lo invitan a la fiesta.

Actividad 2

Lee los siguientes párrafos. Completa cada uno con la palabra apropiada.

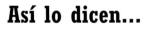

eficiente • perezosa • aplicada • generosa

1. Juanita es voluntaria en el hospital. Ella es muy …

2. Julia estudia siempre. Los fines de semana lee o trabaja en su computadora. Es una chica muy…

3. Para elegir el mejor estudiante del año van a seleccionar a la persona más…

4. A Gabriel le gusta dormir y no hace sus tareas. Es muy…

5. Marta hace en ocho horas lo que cualquier persona hace en doce horas. Es una persona sumamente…

Así lo dicen…

¿QUÉ SABES TÚ?

¿Te interesan los museos? Refresca tu memoria y haz una lista de los museos que conoces. ¿Cuáles has visitado? ¿Qué viste?

¡A VISTA DE PÁJARO!

Mira rápidamente la lectura. ¿Puedes contestar las siguientes preguntas la primera vez que hojeas *(you skim)* la lectura?

1. ¿En qué ciudad se encuentra el Museo del Prado?
2. ¿Quiénes pintaban obras "fuera de moda"?
3. ¿Qué obras famosas se exhiben en el museo?
4. ¿Cuándo se modernizó el museo?

De paseo por el Prado

Príncipe Baltasar Carlos, Velázquez

Así como la Galería Nacional de Arte en Washington y la Galería Nacional de Arte en Londres son dos museos muy famosos que representan el arte del mundo occidental[1], el Museo del Prado, en Madrid, representa la historia de España.

Las obras de arte que se exponen allí han sido coleccionadas según los gustos de los reyes españoles. Se dice que en 1818, el rey Fernando VII y la reina María Isabel de Braganza decidieron redecorar el Palacio Real con papel tapiz[2] francés porque las pinturas enormes (como las obras de Velázquez y Tiziano) estaban "fuera de moda"[3] y no dejaban exhibir bien el papel tapiz. Los reyes decidieron entonces transportarlas a un palacio vacante que se llamaba Palacio del Prado.

[1] western   [3] old fashioned
[2] wallpaper

La construcción del Palacio del Prado empezó en 1785, cuando el rey Carlos II decidió que España necesitaba un museo de ciencias. Durante la ocupación de España por Napoleón el palacio se usó como barracas para los soldados franceses, quienes usaron una gran parte del techo[1], que tenía plomo[2], para hacer balas[3]. Así estuvo deteriorado hasta 1818, cuando el rey decidió repararlo y usarlo como bodega[4] para las pinturas.

Las niñas de las flores (primavera), Goya

Obras de arte dañadas

El Prado abrió sus puertas al público como museo de arte en 1819, con una exhibición de 311 pinturas de las 1500 obras que existían.

Como el museo tenía más obras de las que se podían exhibir, empezó a prestar[5] las pinturas a los museos provinciales, oficinas de gobierno e iglesias. Esto resultó en daños[6] y en la desaparición[7] de muchas obras de arte.

Otras pinturas fueron destruidas durante la Guerra Civil Española, en medio de ataques e incendios. Para evitar el peligro de los bombardeos, muchas obras fueron transportadas a Cataluña, a Valencia y a la ciudad suiza de Ginebra, una ciudad neutral que es la sede[8] de la Liga de Naciones. Fueron devueltas[9] a España unas horas antes de que empezara la Segunda Guerra Mundial.

[1] roof   [3] bullets   [5] loan   [7] disappearance   [9] returned
[2] lead   [4] storage   [6] damages   [8] seat

Lo que hay dentro

Todos los que visitan el Museo del Prado se deleitan con *Las Meninas,* de Diego Velázquez y *3 de Mayo, 1808,* de Francisco Goya. Además hay obras de El Greco, Bartolomé Esteban Murillo y José Ribera.

También hay obras de artistas extranjeros, como el holandés Jerónimo Bosch, conocido como El Bosco y los italianos Tiziano y Botticelli. Pero no hay casi nada de arte británico. ¿Por qué? Porque la España católica y la Inglaterra protestante fueron dos países enemigos.

Durante la dictadura del general Francisco Franco (1938–1975), el Museo del Prado sufrió de negligencia y falta de mantenimiento. Después de la muerte de Franco tuvo un programa de modernización, más luz, guías del museo y entrada gratis para los españoles. Además hay edificios anexos como el Casón del Buen Retiro, que muestra las pinturas del siglo XIX.

Una de las obras que se exhibió en este museo fue *Guernica*, pintado por Pablo Picasso. *Guernica* describe el bombardeo a la ciudad de Guernica, un pueblo vasco, durante la Guerra Civil Española.

Actualmente, *Guernica* se encuentra en el Centro de Arte Reina Sofía, un nuevo museo que se abrió en 1986 exclusivamente para las pinturas modernas, y comparte su espacio con obras de Dalí, Miró y otros artistas españoles.

Si visitas España, ¡ya sabes! Debes ir al Museo del Prado, ¡un verdadero paseo de historia y cultura!

Guernica, Pablo Picasso

¿COMPRENDISTE TÚ?

Completa las siguientes oraciones con la opción correcta.

1. Los reyes quitaron las pinturas del Palacio Real porque…

   a. eran antiguas   b. estaban rotas   c. iban a prestarlas

2. Originalmente, el Prado fue…

   a. un fuerte militar   b. un palacio   c. un museo de historia

3. Los techos del Prado se deterioraron cuando … invadió España.

   a. Fernando VII   b. Franco   c. Napoleón

4. Durante la Guerra Civil Española, algunas obras fueron transportadas a…

   a. una ciudad sueca   b. Génova   c. una ciudad suiza

5. En el Museo del Prado se exponen pinturas de artistas…

   a. españoles solamente   b. de diferentes nacionalidades   c. hispanoamericanos y españoles solamente

6. España e Inglaterra fueron…

   a. aliados   b. una misma nación   c. enemigos

7. El Museo del Prado se modernizó … la dictadura de Franco.

   a. antes de   b. durante   c. después de

8. *Guernica* se exhibe actualmente en…

   a. Washington   b. Ginebra   c. España

¡A VER!

En grupos de tres, pónganse de acuerdo en los siguientes puntos. Luego, presenten ante la clase su punto de vista.

1. Los museos de arte no deben mezclar pinturas clásicas con pinturas modernas.

2. Los españoles deberían pagar la entrada al museo para ayudar a mantenerlo.

3. ¿Por qué creen que el museo prestó las obras en lugar de conseguir lugares anexos para exponerlas?

Actividad 1 Une cada palabra de la columna A con su correspondiente en la columna B.

A	B
1. María Isabel	a. Centro de Arte Reina Sofía
2. Carlos II	b. *3 de Mayo, 1808*
3. Napoleón	c. papel tapiz
4. Franco	d. Italia
5. Goya	e. construcción del Palacio del Prado
6. Casón del Buen Retiro	f. Ginebra
7. Picasso	g. Francia
8. Velázquez	h. Guerra Civil Española
9. Liga de Naciones	i. *Las Meninas*
10. Boticelli	j. exhibición de pinturas del siglo XIX

Actividad 2 Haz un resumen cronólogico de cinco fechas sobre la historia del Museo del Prado. Luego indica cuál de esos años consideras tú que fue clave en la historia del museo. Explica tu respuesta en una hoja de papel.

Año	¿Qué pasó?
1.	
2.	
3.	
4.	
5.	

¡Aprendamos más!

Se puede visitar...

el museo de bellas artes	*Museum of Fine Arts*
el museo de ciencias	*Science museum*
el museo de los niños	*Children's museum*

Se puede ver...

acuarelas	*watercolors*	murales	*murals*
óleos	*oil paintings*	estatuas	*statues*
litografías	*lithographs*		

Artes

la escultura	*sculpture*	las artes gráficas	*graphic arts*
la fotografía	*photography*	la danza	*dance*
la pintura	*painting*	la música	*music*

Lo que se necesita para pintar

la tela	*canvas*
el pincel	*brush*
las pinturas	*paints*

Actividad 3

Completa las siguientes oraciones con la palabra apropiada de ¡Aprendamos más!

1. En los … se exhiben experimentos y animales.
2. La … es un arte nuevo que depende de la cámara y el ojo del fotógrafo.
3. Por todas partes del mundo hispano hay … de Cristóbal Colón.
4. Los pintores pintan sus obras en una…
5. En el mundo de la publicidad es muy importante el uso de…

Madrid, la capital de España, es la capital más alta de Europa y está a 600 metros (2000 pies) sobre el nivel del mar. El corazón de Madrid es la Puerta del Sol, una plaza ovalada que data del siglo XVIII. Y todas las distancias se miden desde esta histórica plaza que representa el kilómetro 0.

En general, el clima de España es templado, pero hay zonas lluviosas, zonas de sequía, veranos calurosos en la costa mediterránea e inviernos muy fríos cerca de los Pirineos.

Además del territorio peninsular, España posee numerosas islas muy famosas por su atracción turística. Así, se puede disfrutar de un viaje a las islas Baleares, en el Mar Mediterráneo, entre las que se destaca Ibiza. Y en el océano Atlántico se encuentran las Canarias, que ofrecen un clima muy caluroso por estar situadas al oeste del África.

Con un(a) compañero(a) vayan a una agencia de viajes o utilicen la Internet para buscar información sobre las atracciones turísticas que pueden encontrar en las islas Baleares, en las Canarias o en Madrid. Luego, hagan una lista de los lugares que visitarían. Tengan en cuenta la distancia que hay entre cada lugar y recuerden que sólo tienen cuatro días de vacaciones.

Así lo dicen...

Una pintura es un poema sin palabras

ANTES DE LEER...

¿QUÉ SABES TÚ?

¿Te gusta la naturaleza? Haz una lista de todo lo que te gusta de la naturaleza.

¡A VISTA DE PÁJARO!

Ahora, mira rápidamente la lectura. ¿Se trata de las cosas que mencionaste en tu lista?

cantimplora

¡Al aire

¿A dónde vas si quieres pasar

un fin de semana saludable, rodeado

de la naturaleza y de aire puro?

¿A un hotel? ¡No! ¡Vas a acampar!

El campamento es una forma muy popular de recreación al aire libre. Hay diferentes tipos de campamentos que brindan[1] la oportunidad de compartir una experiencia en un ambiente[2] natural durante todo el año y a bajos costos. Los campamentos pueden consistir en pasar una noche en una tienda en el jardín de una casa o pasar varias semanas entre la naturaleza. De esta manera, las personas que acampan pueden visitar bosques, desiertos, lagos y montañas.

Algunos excursionistas[3] se quedan todo el tiempo en un solo lugar. Así pueden visitar las diferentes atracciones turísticas, participar en deportes acuáticos[4] o simplemente descansar. Además pueden hacer interesantes actividades al aire libre, como observar los pájaros, pescar, juntar piedras[5], sacar fotografías y hacer caminatas por las montañas.

fogata

[1]offer
[2]environment
[3]campers

[4]water sports
[5]rock collecting

libre!

Otros excursionistas prefieren ir de un lugar a otro cada día, transportándose en vehículos. Normalmente salen muy temprano por la mañana, y por la tarde buscan un lugar para acampar. Generalmente recorren parques estatales o provinciales y parques nacionales, monumentos y lugares históricos.

También hay personas que les gusta ir de excursión simplemente con una mochila, transportándose en canoas o en bicicletas. Estos excursionistas viajan menos millas que los otros pero están en contacto más directo con la naturaleza. Sus actividades principales son trasladarse de un lugar a otro mientras disfrutan el área y cocinan su comida.

Campamento en tienda Es el más popular y uno de los más baratos. Hay tiendas de diferentes medidas, formas y colores. Algunas son para una sola persona y otras son para que mucha gente esté cómoda. Las tiendas más modernas están hechas de materiales muy livianos y son muy fáciles de armar, aun para los principiantes. Además el poco peso de estas tiendas permite llevarlas a cualquier parte.

Campamento en casa rodante Una casa rodante o una caravana es un vehículo que provee espacio suficiente para que los excursionistas vivan en su interior. Algunos son pequeños, otros son remolques plegables[1], y otros son tan grandes que tienen las mismas comodidades que una casa. Por ejemplo, hay casas rodantes que tienen refrigeradores, cocinas duchas y baños.

[1]collapsible

Equipo y comida para el campamento

Hay gran cantidad de equipo disponible, pero no es necesario llevar muchas cosas para disfrutar de un campamento. Los principiantes suelen cometer el error de llevar más de lo necesario. Se recomienda empezar con las cosas esenciales y de buena calidad.

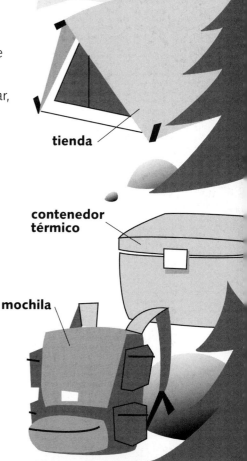

tienda

contenedor térmico

mochila

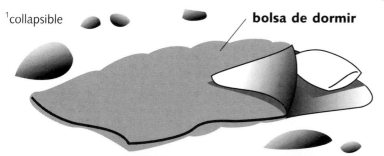

bolsa de dormir

Medidas de **seguridad** y formas de **cortesía**

Seguridad   Para prevenir accidentes, los niños no deben usar hachas[1] ni cuchillos. Los excursionistas deben protegerse de las plantas venenosas y tener cuidado con el almacenamiento inapropiado de la comida, las tormentas eléctricas y las caminatas.

Plantas venenosas   Los excursionistas deben saber identificar las plantas venenosas. Si se está en contacto con ellas, hay que lavarse con agua y jabón. Luego hay que ponerse una loción para aliviar el ardor[2].

Almacenamiento inapropiado de la comida
La falta de refrigeración puede ocasionar que la comida se vuelva venenosa. Se puede llevar sólo comida seca o guardarla en contenedores térmicos[3]. Hay que tener cuidado porque el olor puede atraer a los animales, ¡nunca dejes comida tirada!

Tormentas eléctricas   Pueden desatarse[4] en cualquier terreno. Inmediatamente hay que buscar refugio, y si no se encuentra, hay que sentarse debajo de un árbol no muy alto. Además, ante la primera señal de tormenta hay que salir del agua.

Seguridad durante las caminatas   Antes de salir, hay que escuchar la radio para saber si va a llover, y avisarle a alguna persona que se quede en el campamento adónde se va y cuánto durará la caminata. No se debe ir solo y hay que llevar fósforos a prueba de agua[5] y una cantimplora con agua para beber. Si te pierdes, debes mantener la calma, quedarte en un lugar y esperar que llegue el equipo de rescate[6]. A la noche prende un fuego para calentarte e indicarles a los demás adónde estás.

Cortesía   Siempre trata de preservar el medio ambiente. Debes apagar completamente el fuego, guardar la basura y dejar el lugar en calma. Ten respeto por los animales y por los demás.

---

[1] axes   [3] coolers   [5] waterproof matches
[2] itching   [4] take place   [6] search party

¡A VER! Con un(a) compañero(a), lee las siguientes oraciones y di si están de acuerdo. Explica tu opinión.

1. Acampar en la naturaleza es destruir el medio ambiente.
2. Es importante dejar tu coche cerca cuando vas a acampar. Uno nunca sabe cuando hay que ir por comida rápida.
3. Llevar un encendedor contigo en un viaje es muy peligroso.
4. Es mejor beber agua sucia que no tomar agua.

Actividad 1 Estos excursionistas van a divertirse mucho durante sus vacaciones al aire libre. Completa cada oración con lo que van a hacer.

1. A nosotros nos gusta observar la naturaleza, lo mejor es…
2. A Juan y a Pablo les gusta navegar en el río y por eso planean…
3. A Beatriz le encanta sacar fotos y quiere…
4. Quieren preparar la comida y por eso van a…
5. Ignacio y Florencia no conocen el parque nacional y deciden…

a. tomar su bote
b. hacer una excursión con un guía
c. encontrar flores salvajes y plantas muy exóticas
d. hacer fogatas
e. dar una caminata

Actividad 2 Escribe un párrafo sobre un viaje al aire libre. ¿Qué te gustaría hacer durante tus vacaciones? ¿A dónde irías *(would you go)?* ¿Con quién(es)? ¿Prefieres quedarte en una tienda de campaña o en una casa rodante? Luego, presenta tu párrafo a la clase.

¡Aprendamos más!

En caso de que no te guste acampar hay otros lugares adonde puedes ir que son más confortables. Pero… vas a estar un poco más lejos de la naturaleza.

un albergue *(youth hostels)*

Es un hotel del gobierno *(government)*. Cómodo y de precio muy razonable. En España hay muchos albergues juveniles.

una casa de huéspedes *(bed and breakfast)*

Son casas particulares que cobran precios razonables.

una pensión

Es una casa-hotel o un hotel muy pequeño que no tiene restaurante.

una hostería *(a country inn)*

Muchas hosterías tienen restaurantes famosos. Las hosterías en general cobran precios altos y hay que hacer reservaciones con anticipación *(in advance)*.

un parador

Un parador nacional es un hotel del gobierno que ofrece servicio excelente a precios razonables. En España, la mayoría de los paradores nacionales son lugares históricos como un convento, un castillo o un monasterio antiguo.

Completa las siguientes oraciones con la palabra apropiada. Luego escribe la primera letra de cada palabra y sabrás qué es lo que nunca debe faltar en un campamento.

1. Si sales a caminar, no olvides llevar tu … con agua.

   ☐ _ _ _ _ _ _ _ _ _ _ _ _ _

2. Si hace mucho frío y tienes poco dinero, puedes dormir en un…

   ☐ _ _ _ _ _ _ _ _

3. Debes llevar todos los elementos para acampar en tu…

   ☐ _ _ _ _ _ _

4. Si decides …, no olvides llevar la tienda.

   ☐ _ _ _ _ _ _

5. Es útil que tengas una … para escuchar cómo va a estar el tiempo.

   ☐ _ _ _ _ _

6. Si vas a una hostería, haz la reservación con mucha…

   ☐ _ _ _ _ _ _ _ _ _ _ _ _ _ _ .

Lo que nunca debe faltar: ☐ ☐ ☐ ☐ ☐ ☐

Así lo dicen...

Después de la lluvia, sale el sol.

¿QUÉ SABES TÚ?

El mundo hispano tiene muchos tipos de artesanías *(handicrafts)* y tú seguramente ya conoces algunas. Haz una lista de las artesanías hispanas que conoces. Luego consulta una enciclopedia para averiguar de dónde son.

¡A VISTA DE PÁJARO!

Ahora mira rápidamente la lectura para ver de qué artesanías habla. ¿Aparecen las artesanías que ya conoces?

Arte del mundo hispano

Cada país tiene distintos tipos de arte que representan su ambiente o su comunidad. Incluso[1] hay ciudades y pueblos que tiene su arte típico, tradicional y popular.

Vamos a hacer un rápido viaje por algunos países hispanos para conocer algo de sus artesanías.

[1] Even

Las vasijas y los cántaros: arte incaico

El territorio incaico (Ecuador, Perú y Bolivia) se especializa en la producción de vasijas[1] y cántaros[2] de barro[3]. Los incas usaron estas vasijas en sus ceremonias.

¿Cómo eran estas vasijas? Eran negras y muy pesadas. Tenían la forma de un animal, como un jaguar, un gato, un ave o una serpiente. Los incas nunca usaron la figura humana en sus diseños.

Los españoles introdujeron la rueda del alfarero[4], un instrumento que sirve para hacer girar[5] rápidamente la pieza mientras el artesano le da forma. De esta manera aumentó la producción de vasijas.

Tiempo después los indígenas empezaron a usar la cerámica y el acabado de vidrio, que se obtiene con una mezcla de arena, otros minerales y agua. Así empezaron a fabricar productos diferentes.

[1] vessels   [3] clay   [5] spin
[2] pitchers   [4] potter

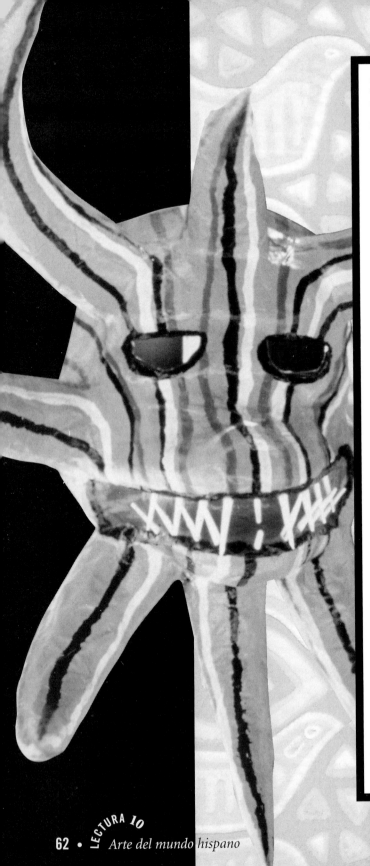

Las máscaras de los vejigantes: tradición de Puerto Rico

¿Quiénes son los vejigantes? Son personas disfrazadas[1] que caminan por las calles de Puerto Rico durante el Carnaval. Los vejigantes caminan en grupos y buscan niños para corretear[2].

Los vejigantes usan trajes hechos con trozos de telas de colores y parecen payasos[3]. En la cabeza usan máscaras muy elaboradas y creativas de cartón piedra[4].

Hacer estas máscaras y vestirse de vejigante es parte de la tradición del carnaval puertorriqueño desde hace cientos de años. Es tan antiguo que aparece en la famosa novela *Don Quijote* (1605).

Los tejidos de lana: un símbolo de Guatemala, Ecuador y Bolivia

Los tejidos de Guatemala son de algodón y se distinguen por sus colores brillantes. Casi siempre tienen figuras geométricas y se usan para hacer hacer blusas, faldas y manteles. Sus atractivos colores vienen de colorantes[5] naturales que se obtienen de varias plantas. Cada diseño es diferente e identifica a cada pueblo.

[1] in costume
[2] to chase
[3] clowns
[4] papier-mache
[5] dyes

En Ecuador y Bolivia, los tejidos son de lana de vicuña, de alpaca o de oveja. Sus colores principales son el marrón, gris, negro y blanco. Como el clima de los Andes es muy frío, los tejidos de estos países son más pesados y más abrigadores[1].

El trabajo de los indígenas es muy duro. Para hacer un poncho o una frazada[2] tienen que obtener la lana, hilarla[3], y luego tejer. ¡Un buen tejido es lo mejor para combatir el frío!

Las molas: arte popular de Panamá

¿Qué son las molas? Son rectángulos de telas de diferentes colores, superpuestas[4] y bordadas con hilos de colores. Sus diseños son geométricos y representan flores o animales típicos de las Islas de San Blas, en el mar Caribe.

Las molas se originaron en San Blas, donde viven los cunas, indígenas de la región. Este arte popular nació después de la llegada de los españoles, cuando las mujeres cunas empezaron a vestirse con ropas de colores, hechas con telas de algodón e hilo.

Ellas mismas son las que se encargan de hacer las molas. Escogen de tres a siete piezas de algodón de diferentes colores. Luego crean los diseños y comienzan a sobreponer las telas. ¡Un verdadero trabajo artesanal!

[1] warm
[2] blanket
[3] to sew it
[4] overlapped

El amate: una forma de expresión mexicana

En México hay una forma de arte que predomina en la frontera entre los estados de Puebla, Hidalgo y Veracruz. Este tipo de arte se llama "amate", y es la técnica de hacer papel a partir de la corteza de un árbol.

Para obtener el papel, los indígenas de la región, los otomis, usan dos tipos de árboles: el moral (que da un papel blanquecino[5]) y el xalama (que da un papel oscuro).

Una vez que quitan la corteza de los árboles, la hierven en un calderón y después la escurren[6]. Las fibras que quedan se ponen sobre una tabla y se pisan con una piedra. Luego se dejan al sol hasta que se obtenga el papel seco.

Antes de la conquista, los indígenas usaban esta técnica para poder hacer sus manuscritos o pintar sus dibujos relacionados con la astrología, la historia, la religión y la guerra.

¡No cabe duda! El amate es una forma de arte que vale la pena conocer.

[5] off-white
[6] drain

¿COMPRENDISTE TÚ?

Según la lectura, elige la opción correcta para completar las siguientes oraciones.

1. Las molas son parte del arte de los…
   a. españoles
   b. cunas
   c. otomis

2. Los vejigantes corretean a los niños para…
   a. pelear
   b. pintarlos
   c. jugar

3. Los colores de los tejidos de Guatemala…
   a. se obtienen de las plantas
   b. se obtienen del algodón
   c. fueron traídos por los españoles

4. La rueda del alfarero sirve para…
   a. mezclar arena y vidrio
   b. hacer vasijas de barro
   c. diseñar figuras de animales

5. Lo más importante del amate es…
   a. el árbol
   b. el calderón
   c. la piedra

Lee las siguientes frases para ver si estás de acuerdo o no. Explica tu opinión.

1. Los hombres cunas deberían participar también en la fabricación de las molas.

2. Los vejigantes son divertidos para los adultos. Los niños se asustan.

3. Los tejidos de Guatemala tienen demasiados colores. Es mejor usar los tejidos oscuros de Ecuador y Bolivia aunque sean más pesados.

4. Los españoles ayudaron a mejorar las artesanías de los incas.

5. Hacer amate es más artesanal que tejer molas.

Actividad 1 Consigue un mapa del continente americano. Luego busca los países que se nombran en la lectura. Usando una escala de 1 a 6, da un número a cada país para indicar cuáles son tus artesanías preferidas. Comparte tus gustos con la clase.

 Actividad 2 Vas a una tienda de artesanía latinoamericana. Adivina de dónde viene lo que está en el mostrador *(counter)* y escribe el nombre del país correspondiente.

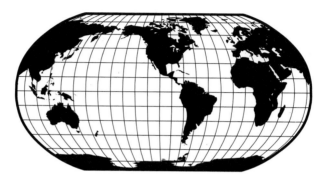

País

1. Un poncho de lana de vicuña. _____

2. Un mantel de algodón con diseños mayas. _____

3. Una vasija de barro con forma de jaguar. _____

4. Una frazada de lana muy gruesa. _____

5. Una blusa de muchos colores bordada a mano _____

6. Un papel con un dibujo de las estrellas _____

7. Un cántaro negro _____

8. Una máscara de cartón piedra _____

9. Una leyenda azteca escrita en un papel _____

10. Un tejido de colores con las hojas de un árbol _____

¡Aprendamos más!

Los artesanos utilizan materiales y herramientas particulares para hacer sus trabajos. Aquí hay una lista con algunos elementos.

madera	*wood*	pincel	*paint brush*
cobre	*copper*	goma de pegar	*glue*
plata	*silver*	soldador	*welder*
bronce	*bronze*	martillo	*hammer*
mostacilla	*small bead*	lija	*sand paper*
piedras preciosas	*precious stones*	clavos	*nails*
papel	*paper*	aguja	*needle*
témpera	*tempera*	hilo	*thread*

Actividad 3

Completa las siguientes oraciones con el vocabulario apropiado de **Aprendamos más.**

1. Si quiero bordar una tela necesito una…

2. Voy a usar un … nuevo para pintar mi cuadro.

3. Quiero unir dos tablas de madera. Tengo clavos pero no tengo…

4. Estas vasijas de cerámica necesitan más color. Voy a usar más…

5. Me gusta el color brillante de esos anillos de…

6. Los collares de … son muy atractivos.

7. Para unir dos piezas de cobre es necesario tener un…

8. ¡Cuidado! Esta … es muy pegajosa *(sticky)*.

9. Esos aretes tienen jade, que es una…

10. La madera todavía está muy áspera *(rough)*. Voy a traer una…

Comparativos

Recuerda que en español hay diferentes estructuras para indicar comparaciones de igualdad (**tan ... como, tanto (a, as, os) ... como**) y comparaciones de desigualdad (**más ... que, menos ... que, mejor que, peor que, menor que**).

Usa el arte de la lectura y las siguientes pistas para practicar tu uso de comparaciones.

MODELO   ser/largo

La máscara del mercado es más larga que el amate.

1. ser/grande
2. tener/colores
3. ser/fuerte
4. ser/pequeño
5. ser/lindo

Así lo dicen...

¿QUÉ SABES TÚ?

Escribe un párrafo breve para contestar la siguiente pregunta:

- ¿Crees que la televisión es realmente un medio cultural o crees que puede perjudicar a los niños?

¡A VISTA DE PÁJARO!

Mira rápidamente la lectura y contesta las siguientes preguntas:

 1 ¿De qué se trata la lectura?

2 ¿Cuándo se televisan las telenovelas hispanas?

3 ¿Qué temas toca una telenovela?

4 ¿Qué más ofrece la televisión?

¿Qué pasó

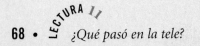

en la tele?

Si escuchas la frase "¡Es una telenovela diferente!" probablemente la dice una persona que le encanta la televisión.

En el mundo hispano, miles de personas miran cada día su telenovela favorita. Y si tenemos en cuenta que cada seis meses aparece una telenovela nueva, ¡imagina el tiempo que pasan frente al televisor!

México, Venezuela, Argentina y Chile son los principales países productores de telenovelas. A veces las filman con actores locales, otras veces una de las estrellas principales es extranjera, y otras veces son coproducciones[1] con un elenco[2] de los dos países.

Estas telenovelas son transmitidas en sus países de origen y también se exportan a toda Latinoamérica. Algunas logran entrar a los canales en español de los Estados Unidos y adquieren más fama debido a la gran cantidad de población hispana que vive en este país.

¿De qué se tratan las telenovelas?

La trama de cada telenovela por lo general combina dos temas: el amor y el odio, la justicia y la injusticia, la riqueza y la pobreza, etc. Estos temas son el reflejo de lo que puede pasar en la vida cotidiana de cualquier persona y siempre están en juego las emociones humanas.

¿Por qué las telenovelas son tan populares? Porque remplazaron a las antiguas radionovelas, que fueron muy famosas en la primera mitad del siglo XX. Antes de la televisión, el único medio de entretenimiento que había en las casas era la radio, y las radionovelas recreaban situaciones de la vida real utilizando efectos de sonido y música ambiental.

¿Telenovelas hispanas o estadounidenses?

Las telenovelas hispanas se diferencian mucho de las telenovelas estadounidenses. En primer lugar por el tiempo de metraje[3]. Mientras las telenovelas hispanas duran un promedio de seis meses, de principio a fin, las telenovelas estadounidenses, como "General Hospital", ya llevan años.

Otra gran diferencia es que las telenovelas estadounidenses se televisan por la tarde y dan la idea de que están dirigidas a la gente que está en casa y no trabaja. En cambio, las telenovelas latinas se televisan por la tarde y por la noche. Y además las pueden disfrutar los hombres y mujeres de todas las edades.

[1] joint productions   [3] length

[2] cast

No todo es una novela

Cada persona tiene su momento especial para ver televisión. Algunas prefieren ver la tele a solas, otras en familia y otras con amigos. Hay gente que mira solamente los noticieros y otros ven películas todas las noches antes de dormir.

Es importante saber que casi todos los programas vienen preparados con subtítulos para que las personas sordas[1] puedan verlos sin problema. Cada programa tiene un nivel de clasificación que indica si los niños pueden verlos o si necesitan estar con sus padres.

Lo cierto es que la televisión ofrece programas para todos los gustos. Hay canales que se dedican a programas documentales de historia, también de geografía, y canales que son exclusivos para música. También hay programas en donde puede participar el público en entretenimientos o en opiniones sobre hechos reales. ¡Y hasta hay programas para entrenar mascotas o para aprender a pescar!

No siempre tienes que mirar un programa deportivo o una serie. ¡Busca el control remoto y haz "click"!

[1] deaf

¿COMPRENDISTE TÚ?

Lee las siguientes oraciones y di si son **ciertas** o **falsas**. Si son falsas, explica el porqué.

CIERTO FALSO

1. Cada seis meses aparece una telenovela nueva. ❏ ❏
2. México, Venezuela, Argentina y Ecuador son los principales países productores de telenovelas. ❏ ❏
3. Algunas telenovelas logran entrar a los canales en español de los Estados Unidos. ❏ ❏
4. La radio era el único medio de entretenimiento que había en las casas antes de la televisión. ❏ ❏
5. Las telenovelas hispanas son parecidos a las telenovelas estadounidenses. ❏ ❏
6. Casi todos los programas vienen preparados con subtítulos para que las personas sordas puedan verlos. ❏ ❏

¡A VER!

En grupos de tres, resuelvan los siguientes puntos. Luego presenten su conclusión a la clase.

1. Los canales hispanos de los Estados Unidos deben pasar programas y películas de todos los países de Hispanoamérica.
2. No es bueno transmitir una telenovela después de la otra. Los canales de televisión deben poner otro tipo de programa entre medio.
3. Las coproducciones entre países son más entretenidas que los programas que se hacen en un solo país.
4. Debe haber menos telenovelas y más series continuadas que duren solamente un mes.
5. Presenten una tabla con los cinco tipos de programas que una familia debe mirar.

Actividad

Haz una encuesta entre tus familiares y amigos para ver cuáles son sus tres programas preferidos. Debes entrevistar a diez personas y compartir tus resultados con la clase.

Actividad 2 Los siguientes párrafos describen diferentes programas. Inventa un título para cada uno e indica qué tipo de programa es.

1. Es la aventura de un grupo de estudiantes que quieren averiguar los misterios de los terremotos en el oeste de los Estados Unidos. En su investigación sufren un gran accidente.

2. Marisa y Claudio esperaron mucho tiempo para juntar dinero y poder casarse. Finalmente lo lograron pero ahora Claudio no le presta tanta atención a Marisa porque ensaya todos los días con una banda de rock.

3. El Sr. Noseda explica frente a la cámara que va a construir una mesa. Luego muestra las herramientas *(tools)* y los materiales. Empieza a trabajar, corta la madera con una sierra, usa un martillo, clavos y goma de pegar. En media hora la mesa ya está lista.

4. Juan José Manteiro y Silvina Cario están hablando sobre dos jugadores de tenis muy jóvenes. Luego muestran unas imágenes del torneo de Boca Ratón. En las propagandas solamente aparecen calzados deportivos y refrescos.

5. La cámara toma imágenes de unos pájaros que vuelan de árbol en árbol. Luego enfoca un hipopótamo que sale del agua. Lo único que se escucha es el ruido de la naturaleza y la voz del locutor que explica lo que hacen los animales.

Actividad 3 Aquí tienes una lista de sentimientos. Escoge los que tú creas apropiados para cada tipo de programa de televisión.

amor	emoción	nervios	terror	alegría	tristeza
asombro	ternura	entusiasmo	miedo	intriga	

a. una telenovela chilena

b. un partido de fútbol

c. una película policial

d. un programa de cocina

e. un documental sobre las pirámides de México

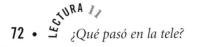

72 • LECTURA 11 *¿Qué pasó en la tele?*

El **subjuntivo** se usa para expresar deseos, dudas y hechos que no se concretaron.

Completa las siguientes oraciones escribiendo el verbo indicado entre paréntesis en el subjuntivo.

1. Carlos quiere que Victoria … (mirar) la telenovela de esta tarde.

2. ¿Quieres que Jorge … (venir) al cine con nosotros?

3. Beatriz no cree que los actores hispanos … (tener) más éxito que los actores estadounidenses.

4. Cuando … (salir) de la escuela voy a ir a ver el partido de voleibol.

5. No me parece divertido que las telenovelas … (ser) tan largas.

6. ¡Ojalá que la semana que viene, el canal 4 … (pasar) de nuevo el documental sobre lagartos!

7. Daniel desea que Chile y Argentina … (producir) más telenovelas juntos.

8. Andrea va a apagar el televisor cuando Horacio … (volver) del trabajo.

9. ¿Crees que mañana … (terminar) la telenovela de la noche?

10. Alicia quiere que la radio … (transmitir) nuevamente radionovelas.

Así lo dicen...

¡LA PELÍCULA! ¡LAS NOTICIAS!

SOBRE GUSTOS NO HAY NADA ESCRITO.

¿Qué sabes tú?

¿Qué tipos de comidas internacionales has probado? Haz una lista de todas las comidas internacionales que hayas probado.

¡A vista de pájaro!

Mira rápidamente la lectura. ¿Se trata de alguna comida internacional que hayas probado?

En España tienen una costumbre que le agrada[1] a todo el mundo. ¡Las tapas! ¿Y qué son? Son aperitivos o "snacks" pero muy diferentes a los que sirven en los Estados Unidos.

---

[1] pleases

pas

sabrosas

Las tapas son pequeños platos, cada uno con distintos ingredientes, que la gente come antes de las comidas fuertes. Pueden ser un platito de olivas, una ensalada de calamares[1] o una tortilla de patatas. Toda la comida está servida en pequeñas raciones para disfrutar mientras se lee el periódico o se comparte una charla.

Y así como existen las tapas también existe el tapeo. El tapeo es la costumbre de ir de un lugar a otro probando las tapas. Es una buena oportunidad para pasar un rato entre amigos.

[1] squid

¿Por qué se llaman tapas?

Se dice que en los tiempos pasados, cuando la gente viajaba a caballo y llegaba a una posada para descansar, los mozos[1] de las posadas les ofrecían una copa con algo de beber y tapaban[2] la copa con una rebanada[3] de pan. A partir de entonces se originó el término "tapa".

Tapas y comunidad

Los bares tapas son una tradición de España y puedes encontrarlos en cualquier ciudad. Algunos son muy antiguos y datan del siglo XVII.

Son lugares familiares, donde todo el mundo se conoce. Es como el centro de la comunidad en donde hay un ambiente informal y la gente por lo general come las tapas de pie, en el mostrador. Otros lugares tienen mesas al aire libre donde te puedes sentar, y si tienes hambre y las tapas te parecen pequeñas, puedes pedir una ración, que es una tapa doble.

[1] helpers
[2] covered
[3] slice

[4] shrimp
[5] sweet peppers
[6] anchovies

¿Qué tapas probar?

Éstas son algunas de las tapas que sirven en muchos bares:

Tortilla de patatas: Es un omelette de papas y huevo. A veces se le pone chorizo colorado y se sirve en cuadraditos.

Gambas al ajillo: Son camarones[4] con ajo. Los productos de mar son la especialidad de los españoles.

Queso de Asturias: Muy similar al *blue cheese*.

Jamón: Hay dos tipos: el jamón serrano y el jamón York. El primero es más seco y salado, el segundo es más fresco.

Calamares y pulpo: Se sirve caliente y es otra delicia de los mares.

Olivas: Son aceitunas, generalmente pequeñas, y pueden estar rellenas con morrones[5] o anchoas[5].

Después de las tapas

Los españoles comen su comida fuerte alrededor de la una de la tarde. Las tapas fueron el aperitivo a media mañana, pero ahora necesitan algo más. Es la hora de sentarse tranquilo en una mesa y ver el menú. Y si de comidas se trata, España se destaca por la variedad de sus sabrosos platos.

Generalmente piden una entrada, que puede ser un plato de fiambre[1] o ensaladilla rusa, que son trocitos de papa, zanahoria y mayonesa.

Luego viene el plato fuerte, caliente y... ¡sabroso! La paella es la comida que caracteriza a España y todos los turistas se deleitan con su sabor. Consiste en arroz con azafrán[2], mezclado con calamares, mejillones[3] y otros mariscos[4]. ¡Es tan deliciosa que la gente come dos platos seguidos!

Luego, el postre, que puede ser helado, fruta o natilla[5], acompañado de un café expreso.

Ahora que quedaste satisfecho, ya sabes que las tapas son una buena costumbre que abre el apetito.

[1] cold cut   [4] shellfish

[2] saffron   [5] cream custard

[3] mussels

¿COMPRENDISTE TÚ?

Indica si las siguientes oraciones son **ciertas o falsas.**
Si son falsas, explica el porqué.

	CIERTO	FALSO
1. Las tapas son platos enormes con distintas comidas.	❏	❏
2. La tortilla de patatas es como la tortilla mexicana.	❏	❏
3. El tapeo es un tipo de baile español.	❏	❏
4. El término "tapas" viene de una copa de bebida tapada con pan.	❏	❏
5. Los bares tapas se pusieron de moda en el siglo XX.	❏	❏
6. En los bares tapas solamente pueden entrar adultos.	❏	❏
7. Las gambas son frutas deliciosas.	❏	❏
8. Los españoles comen la comida fuerte después de las tapas.	❏	❏
9. La paella se hace con calamares y pasta.	❏	❏
10. Para dos personas es mejor pedir una ración de la tapa favorita.	❏	❏

Actividad

Adivina de qué se habla en las siguientes oraciones. Apunta tus respuestas en una hoja de papel.

1. Son muy sabrosos. Hay secos y frescos.
2. Allí se puede hablar de las noticias, de deportes y de muchas otras cosas.
3. Comen entrada, plato principal, postre y café.
4. Pueden estar rellenas con anchoas.
5. Ofrecían una copa de bebida con pan.
6. Es una tapa doble.
7. Caracteriza a España.
8. Son aperitivos.
9. Es parecido al *blue cheese.*
10. Tiene trocitos de papa, mayonesa y zanahoria.

 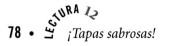

Actividad 2

Tienes hambre y quieres ir al restaurante con tus amigos. ¡No te olvides! Van a un restaurante español donde sirven tapas. Escribe una conversación entre tú y tus amigos. Describe todas las tapas que van a probar. ¿Escogen las mismas? ¿Cuál es la más sabrosa?

MODELO   **Tú:** ¿Qué te gusta comer?
                Tu amigo(a): Unas tapas. Me gustan los calamares. ¿Y a ti?

                Tú: Yo prefiero tortilla. Y también olivas.
                Tu amigo(a): ¡Me encantan las olivas!

Actividad 3

Haz un diagrama de Venn en el que escribas las características comunes y las diferencias que hay entre las tapas españolas y los aperitivos que sirven en los Estados Unidos.

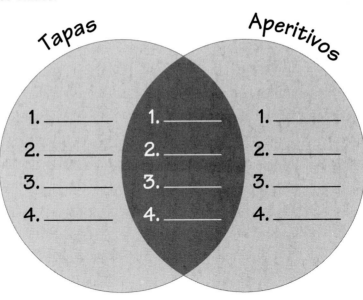

Recuerda que el **imperativo** se usa para indicarle a alguien que haga algo.

Un turista quiere ir a comer tapas y te pide direcciones. ¿Qué le dices? No olvides que es una persona que no conoces y que debes tratarla de "usted".

MODELO   seguir derecho dos cuadras
               Siga derecho dos cuadras

1. doblar a la izquierda en la calle Segovia
2. caminar dos cuadras más
3. no pasar la iglesia
4. doblar a la derecha en la esquina
5. entrar en el restaurante que está al lado del museo

Actividad **4**

Mira de nuevo la lectura. Completa las frases siguientes con las palabras correctas.

1. La gente come las tapas antes de las…
2. El … es la costumbre de ir de un lugar a otro probando las tapas.
3. En España, puedes encontrar los … en cualquier ciudad.
4. Una … es una tapa doble.
5. Una tortilla de patatas es un omelette de papas y…
6. La especialidad de los españoles son los…
7. El jamón … es el jamón más fresco.
8. Los calamares y el pulpo se sirven …
9. La … es la comida que caracteriza a España.
10. El … puede ser fruta o natilla.

UNA
VENTANA
MÁS

El famoso y popular sándwich debe su nombre a John Montagu, Cuarto Conde de Sandwich. Se dice que en el siglo XVIII al Conde le encantaba jugar a los naipes tanto que no le gustaba cenar para no interrumpir su juego.

Para aprovechar el tiempo y seguir jugando, el Conde le pedía al tabernero que le trajera una rebanada de carne asada en medio de dos trozos de pan. De esta manera podía comer y jugar al mismo tiempo.

A los otros jugadores les gustó tanto la idea que decidieron pedir lo mismo. Este "plato" empezó a ser conocido como "sándwich". Hoy en día la palabra "sándwich" es universal.

Otras palabras con historia ¿Sabías que muchos diccionarios te dan la etimología u origen de las palabras? Haz una lista de cinco palabras y busca sus orígenes en el diccionario. Comparte tus resultados con la clase.

Así lo dicen...

MUCHAS MANOS EN UN PLATO CAUSAN ARREBATO.

¿Qué sabes tú?

¿A qué deportes te gusta jugar? Haz una lista de los que te gustan y de los que ves en la televisión.

¡A vista de pájaro!

Mira rápidamente la lectura para ver si se trata de uno de los deportes que anotaste. Luego, anota los que crees que son los puntos principales de la lectura.

¡A meter un

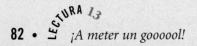

GOOOOOOL!

¿Qué deporte llena los estadios del mundo? ¡El fútbol! Sí, el fútbol o balompié es un deporte que se originó en Inglaterra y con el tiempo adquirió mucha fama en todos los continentes. ¡Y ahora está creciendo muy rápidamente en los Estados Unidos!

En Latinoamérica es una verdadera pasión. Es muy común ver a niños muy pequeños jugando con una pelota de fútbol. ¡Inclusive en la playa puedes ver a bebés jugando con una pelota de plástico!

Gente de todas las edades se divierte con este deporte, organizando partidos amistosos[1] en las plazas y en los parques. Los domingos es el día especial para ir a la cancha[2]. Familias completas se deciden a pasar una tarde divertida para ver a su equipo favorito. Y por supuesto, al día siguiente hay que comprar el periódico para leer los comentarios. ¡Los lunes todo el mundo habla de fútbol!

[1] friendly
[2] field

Equipos y torneos

Cada país de Latinoamérica tiene clubes de equipos profesionales que cuentan con un número de aficionados muy grande. Entre los más famosos están River Plate, de Argentina; Emelec, de Ecuador; Necaxa, de México; y Nacional, de Colombia.

Hay distintos torneos de fútbol. Entre los más importantes está la Copa Libertadores, que se juega todos los años y en la que participan los equipos de Sudamérica. El equipo ganador puede competir en la Copa Intercontinental de Fútbol. Otros eventos importantes son la Copa América, que se juega cada dos años, y por supuesto, la famosísima Copa Mundial, que tiene lugar[1] cada cuatro años. ¿Sabes una cosa? Brasil es el único país ganador de cuatro copas mundiales de fútbol.

Las estrellas del fútbol

Generalmente, los buenos jugadores se hacen famosos en sus equipos locales. Luego, si hay otro club interesado que los compre, cambian de equipo. Otras veces pasan a jugar a equipos extranjeros[2], pero para las copas mundiales solamente pueden jugar en el equipo de su país de origen.

Una de las leyendas del fútbol es el brasileño Pelé, que está incluido en el Salón de la Fama del fútbol de Estados Unidos. Otros jugadores que se destacan[3] son el colombiano Carlos "el Pibe[4]" Valderrama, Marco Antonio "el Diablo" Etcheverry y el argentino Diego Maradona.

camiseta

medias

pelota, balón

---

[1] takes place   [3] stands out
[2] foreign   [4] kid

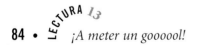

pantalón

canillera

botines

El equipo y el reglamento

Cada equipo usa una camiseta que lo identifica, pantalón corto, medias y unas zapatillas especiales con tapones en la suela para no resbalarse[1] en el terreno de juego. El arquero[2] usa guantes para atajar[3] mejor la pelota.

La cancha está dividida en dos partes y hay que meter la pelota en el arco del equipo contrario. Cada partido dura dos tiempos de cuarenta y cinco minutos y está dirigido por un árbitro[4]. Además están los jueces de línea, que indican cada vez que la pelota sale fuera del campo de juego.

El grupo de gente que va a la cancha se llama "hinchada". Ellos usan sombreros y enormes banderas con los colores de la camiseta de su equipo mientras cantan para darles ánimo a los jugadores.

Mira un partido de fútbol y fíjate que los jugadores usan los pies y la cabeza con mucha habilidad. El único jugador que puede usar las manos es el arquero y si otro jugador toca la pelota con las manos, le cobran un penal.

Si quieres practicar, ponte un pantalón corto, camiseta y zapatillas y… ¡mete un gooooool!

[1] to slip
[2] goalkeeper
[3] to catch
[4] referee

¿COMPRENDISTE TÚ?

Lee las siguientes pistas y anota las respuestas de la lectura. Luego, busca las soluciones en el buscapalabras. Recuerda que las palabras pueden aparecer escritas de izquierda a derecha, de derecha a izquierda, de arriba hacia abajo, de abajo hacia arriba o diagonalmente.

1. Torneo de fútbol sudamericano que se juega todos los años (12 letras)

2. Apodo de un jugador colombiano muy famoso (4 letras)

3. Parte del cuerpo que no pueden usar los jugadores, excepto el arquero (4 letras)

4. Otro nombre para "fútbol" (8 letras)

5. Persona que dirige un partido de fútbol (7 letras)

6. Equipo de fútbol ecuatoriano (6 letras)

7. País que ganó cuatro copas mundiales (6 letras)

8. Si un jugador toca la pelota con la mano, le cobran un…(5 letras)

9. Jugador brasileño que está en el Salón de la Fama (4 letras)

10. Parte del equipo que se pone en las manos (7 letras)

L	O	R	T	I	B	R	A	F	O	X	I
I	E	S	F	C	A	R	J	L	N	I	C
B	I	E	B	R	L	A	D	O	R	E	S
E	I	J	L	A	O	E	M	E	L	P	I
R	B	E	S	E	M	T	C	E	I	O	W
T	R	O	L	A	P	I	M	C	A	Y	N
A	A	K	L	E	I	E	O	A	H	O	T
D	S	I	A	P	E	B	L	A	N	E	P
O	I	O	N	O	N	I	D	I	U	O	Z
R	L	M	J	D	I	P	M	A	O	I	Q
E	O	D	A	S	D	O	D	U	R	T	O
S	E	T	N	A	U	G	B	O	T	O	W

Actividad 1 Completa las siguientes oraciones con la opción correcta.

1. El fútbol es un deporte de origen...

   a. inglés   b. español   c. argentino

2. El ... indica si una pelota sale de la cancha.

   a. arquero   b. árbitro   c. juez de línea

3. En Latinoamérica, juegan al fútbol...

   a. sólo los jugadores profesionales   b. sólo los estudiantes en la escuela   c. casi todas las personas

4. El arquero de un equipo de fútbol puede usar...

   a. las manos   b. los pies   c. las manos y los pies

5. En los Estados Unidos...

   a. el fútbol está creciendo   b. el fútbol está disminuyendo   c. nadie juega al fútbol

6. El balompié se juega con...

   a. una pelota de voleibol   b. una pelota de fútbol   c. una pelota de rugby

Actividad 2 Imagínate que asististe a un partido de fútbol por primera vez. Escribe un párrafo sobre tu reacción al juego. Usa los ejemplos y agrega más cosas.

¿Cómo te sentiste?   entusiasmado
     aburrido

¿Qué hiciste?   grité
     escuché la radio mientras miraba

¿Con quien fuiste?   amigos
     familiares

¿Quién ganó?   tu equipo
     el otro equipo

¡Aprendamos más!

Hay deportes que se practican en grupo; para eso es necesario formar
un equipo. Otros deportes se practican individualmente. Aquí hay una lista con los
dos grupos y con el equipo necesario para practicarlos.

Los deportes en equipo

el fútbol	*soccer*
el basquetbol	*basketball*
el voleibol	*volleyball*
el béisbol	*baseball*
el hockey	*hockey*
el fútbol americano	*football*

Deportes individuales   El equipo necesario

los bolos *(bowling)*	las bolas y los bolos *(balls and pins)*
el ciclismo	una bicicleta
el patinaje	los patines
la natación	el traje de baño
el surf a vela	una tabla
el esquí	los esquís y los bastones
el atletismo	las zapatillas de caucho
el tenis	la raqueta y la pelota

Para estar en forma atlética debes hacer:

abdominales	*sit-ups*
escalera	*stair climber*
flexiones	*push-ups*
pesas	*weight lifting*

¡A meter un goooool!

Actividad 3 Completa las frases con una palabra apropiada del vocabulario.

1. Víctor, siempre que patea, mete un gol, juega al...
2. Ya preparé mi ... para jugar al tenis con Cintia.
3. Con una sola ... cayeron los diez bolos.
4. Sebastián practica el ...; él va a participar en el maratón de Boston.
5. Para endurecer el estómago es necesario hacer...
6. Ganamos el campeonato de ... ¡Somos un buen equipo!
7. Lo único que necesito para practicar natación es mi...
8. Necesito reparar una rueda de la ... para la carrera de mañana.
9. Guillermo tiene muchos músculos porque hace...
10. Si el mar está tranquilo, voy a practicar...

Así lo dicen...

Una abeja no hace una colmena.

¿QUÉ SABES TÚ?

Haz una lista con los tipos de música que conoces.

¡A VISTA DE PÁJARO!

Mira rápidamente la lectura. ¿Aparece alguno de los tipos de música que anotaste?

En una tienda de música puedes encontrar discos compactos con música de todos los países. Entre toda esa variedad hay música folclórica de cada país, música clásica, jazz y pop en diferentes idiomas, desde español hasta japonés.

La música en español que se escucha en los Estados Unidos, generalmente viene de México debido a su cercanía[1]. Pero también existe música de otros lugares que vale la pena[2] escuchar.

[1] proximity
[2] it's worth it

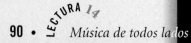

úsica

de
todos
lados

La salsa

Es la música popular del Caribe y famosa en todo el mundo. Es alegre, animada y bailable. Tiene elementos africanos y latinos y se usan muchos instrumentos de percusión. Entre los famosos de la salsa están el panameño Rubén Blades, el neoyorkino Tito Puente (hijo de puertorriqueños) y la popularísma cantante cubana Celia Cruz.

Con el tiempo, la salsa fue enriqueciéndose [1] con otros ritmos, y hoy podemos escuchar esta música llena de alegría y vitalidad. ¡A bailar!

El flamenco

El flamenco es un baile de Andalucía y representa a toda España. La bailarina de flamenco baila al ritmo de la música de guitarra y del canto gitano [2] de sus acompañantes, moviendo los brazos y tocando las castañuelas. Dos bailarinas de flamenco muy famosas son María Albaicín y Lola Flores.

Pero en la actualidad el flamenco también se modernizó, y ahora hay músicos como Rosario (la hija de Lola Flores) que mezclan esta música con el rock, el blues y la música brasileña, llamándola "pop flamenco".

El tango

Esta música representa a la Argentina y también al Uruguay. En los años treinta se hizo muy famosa cuando Carlos Gardel, un legendario cantante de tango, empezó a cantar en París.

En esa época el tango se tocaba con guitarras y violines. Con el tiempo se incorporó el instrumento que ahora es el símbolo del tango: el bandoneón. Este instrumento es una especie de acordeón, que en lugar de teclas tiene botones.

[1] enriched
[2] gypsy

En la actualidad, hay grandes orquestas que ejecutan tango por todo el mundo. Son espectáculos de música y danza en donde el hombre y la mujer bailan de una manera única.

La cumbia

Cuando se habla de cumbia también se habla de Colombia. Es una música muy alegre que nunca pasa de moda. En cualquier fiesta puedes escuchar canciones de La Sonora Matancera, una orquesta muy famosa.

Su ritmo tropical invita a que músicos y público se diviertan mucho. Además de los instrumentos tradicionales, estas orquestas utilizan muchos instrumentos de percusión, como maracas y tumbadoras, que son unos tambores altos. Es imposible que alguien se quede sin bailar cuando escucha una cumbia.

El mambo

Es una música afrocubana muy alegre y con mucho ritmo. En muchas películas estadounidenses, antiguas y modernas, aparecen músicos y bailarines de mambo para darles un toque de diversión.

Los bailarines de mambo usan ropa de muchos colores y las orquestas se destacan por el uso de instrumentos de vientos, como la trompeta y el trombón. Una de las orquestas clásicas de mambo es la de Pérez Prado, pero si quieres ver algo moderno y aprender un poco más, debes ver la famosa película *Los reyes del mambo*.

El hip-hop

Este tipo de música caracteriza a los Estados Unidos desde hace más de cincuenta años. En las películas antiguas es muy normal que veas a un grupo de tres o cuatro muchachos cantando a capella en una esquina[1].

Los Barrio Boyz son cinco jóvenes de Nueva York, que en los años noventa están haciendo una mezcla de hip-hop y rap en español y en inglés. Su mensaje es decir no a las drogas y a las patotas[2] en canciones con excelente ritmo y armonía vocal.

[1] corner
[2] gangs

¿COMPRENDISTE TÚ?

Indica si las siguientes oraciones son ciertas o falsas.
Si son falsas, explica el porqué.

	CIERTO	FALSO
1. El tango se originó en París.	❑	❑
2. Generalmente, la música en español que se escucha en los Estados Unidos viene de los países de Sudamérica.	❑	❑
3. Los Barrio Boyz cantan, son de Nueva York y están en contra de las drogas.	❑	❑
4. El mambo es una música muy melancólica.	❑	❑
5. Tito Puente y Celia Cruz son dos representantes de la música flamenca.	❑	❑
6. Las castañuelas son imprescindibles para tocar salsa.	❑	❑
7. El instrumento característico del tango es el bandoneón.	❑	❑
8. La cumbia es un tipo de música tropical.	❑	❑
9. Carlos Gardel cantaba cumbias.	❑	❑
10. El hip-hop es un tipo de música instrumental.	❑	❑

Actividad

Mira la siguiente lista de tipos de música con un(a) compañero(a). Decide qué cualidades de la segunda columna se pueden aplicar a cada una y únelas con una línea. Escribe una oración que explique cada música.

salsa	divertida
flamenco	rítmica
rock	con letras interesantes
tex-mex	melódica
romántica	nostálgica
tango	bailable
cumbia	afrocubana
mambo	aburrida

La música salsa es bailable.
El flamenco es....

Actividad 2

Haz una encuesta entre cinco estudiantes de tu escuela para saber cuál es su estación de radio favorita y qué programa de música es el más popular. Compara los resultados con tus compañeros de clase.

	Estación de radio	Tipo de música
Estudiante 1		
Estudiante 2		
Estudiante 3		
Estudiante 4		
Estudiante 5		

Actividad 3

Busca un disco compacto o casete de alguno de los cantantes o conjuntos que aparecen en la lectura. Elige una de sus canciones y explica de qué trata la letra en una hoja de papel. Comparte la explicación con tus compañeros.

Actividad 4

Mira de nuevo la lectura y completa las frases con las palabras correctas.

1. La … es la música popular del Caribe y famosa en todo el mundo.
2. La salsa tiene elementos … y…
3. El flamenco es un baile de…
4. El tango representa a la … y al…
5. En lugar de teclas, el bandoneón tiene…
6. … es el país de la cumbia.
7. El … es una música afrocubana muy alegre.
8. El uso de instrumentos de vientos, como la… y el … es típico del mambo.
9. El … es un tipo de música que caracteriza a los Estados Unidos.
10. Los Barrio Boyz cantan en … y en…

¡Aprendamos más!

Para tocar música se necesita ser un buen músico y tener el instrumento apropiado. Luego, puedes escoger el género que más te guste.

Unos instrumentos musicales

el acordeón	*accordion*	el bajo	*bass*
el órgano	*organ*	la guitarra	*guitar*
el piano	*piano*	la flauta	*flute*
el arpa	*harp*	la trompeta	*trumpet*
el violín	*violin*	el saxofón	*saxophone*
la batería	*drums*	el trombón	*trombone*

Los músicos

el cantante	*singer*	el bajista	*bassist*
el guitarrista	*guitar player*	el baterista	*drummer*
el tecladista	*keyboard player*		

Unos géneros musicales

el candombe	El candombe tiene mucho ritmo y se originó en el Uruguay.
el rock	Se usan muchos instrumentos eléctricos en el rock.
la música clásica	En el Teatro Colón de Buenos Aires tocan las mejores orquestas de música clásica.
el jazz	Lo más importante del jazz es la improvisación.
la música disco	La música disco fue muy famosa en la década del 70.
nueva era	Para descansar debes escuchar música de la nueva era.
el rap	En las calles de Nueva York se escucha mucho rap.
el corrido	Puedes(a) prender historia mexicana escuchando los corridos.
el vals	Si te gustan las orquestas tienes que escuchar valses vieneses. Y si prefieres las guitarras, debes escuchar los valses peruanos.

Actividad 4 **Completa las siguientes oraciones según lo que leíste en ¡Aprendamos más!**

1. A Eduardo le encantan los instrumentos de cuerda; piensa comprarse un(a)…
2. Hay dos tipos de …, uno es peruano y el otro es vienés.
3. Para ser el … de un conjunto hay que tener una buena voz.
4. En el tango se usa un instrumento parecido al…
5. Los … mexicanos tienen letras muy interesantes.
6. El … es uno de los instrumentos principales de la música clásica.

Así lo dicen...

QUIEN CANTA SU MAL ESPANTA.

Clave de respuestas

LECTURA 1

¿Cuáles son tus vacaciones ideales?
¿Qué sabes tú?

Las respuestas van a variar.

¡A vista de pájaro!

Las respuestas van a variar.

¿Cuáles son tus vacaciones ideales?

Las respuestas van a variar.

¡A ver!

Las respuestas van a variar.

Actividad 1

Las respuestas van a variar.

Repaso gramatical

Las respuestas van a variar.

LECTURA 2

Calendarios culturales
¿Qué sabes tú?
1. 365, 52
2. el calendario chino
3. para medir el tiempo

¡A vista de pájaro!
1. 12   2. La Piedra del Sol   3. latín

¿Comprendiste tú?

1. A o C	3. B	5. C	7. C
2. C	4. B	6. B	8. B

Actividad 1

Las respuestas van a variar.

Actividad 2

Las respuestas van a variar.

Repaso gramatical

Las respuestas van a variar.

Actividad 3

Las respuestas van a variar.

LECTURA 3

escuelas secundarias.com
¿Qué sabes tú?

Las respuestas van a variar.

¡A vista de pájaro!

Las respuestas van a variar.

¿Comprendiste tú?
1. F. La educación secundaria varía mucho en los países hispanos.
2. C
3. C
4. F. Hay recreos de diez minutos entre clase y clase.
5. F. Las escuelas mixtas son para mujeres y varones.
6. C
7. F. Las escueles técnicas ponen énfasis en el desarrollo y práctica de actividades relacionadas especialmente con la física y la química.
8. C
9. F. Los estudiantes de una escuela técnica se gradúan de técnicos.
10. C

Actividad 1
Las respuestas van a variar. (respuestas posibles)

1. A, C, E	3. C, D	5. A, E	7. H
2. B	4. B, C	6. G	8. B, F

Actividad 2

Las respuestas van a variar.

Actividad 3

1. semestre	5. doctorado
2. infantes	6. primaria
3. Bellas Artes	7. maestría
4. Instituto	8. trimestres
	¡ESTUDIAR!

Actividad 4

Las respuestas van a variar.

Actividad 5
1. C.   2. B   3. A   4. B   5. C

LECTURA 4

El viaje de Fernando
¿Qué sabes tú?

Las respuestas van a variar.

¡A vista de pájaro!
3. Un viaje de Cristóbal Colón.
4. Un viaje de Fernando Colón.

¿Comprendiste tú?
1. hijo   3. cuatro   5. monos   7. barco
2. pajes   4. Caribe   6. insectos (llamados   8. Fernando
                              "teredos")

Actividad 1
1. Europa
2. Islas Canarias
3. República Dominicana
4. Islas Canarias
5. Las respuestas van a variar.

Actividad 2
Las respuestas van a variar.

Actividad 3
1. auriculares   3. vuelo directo   5. auxiliar de vuelo
2. asiento de ventanilla   4. manta

Repaso gramatical
Las respuestas van a variar.

Una ventana más
Las respuestas van a variar.

LECTURA 5

Chiles y chocolate
¿Qué sabes tú?

Las respuestas van a variar.

¡A vista de pájaro!
1. Los aztecas usaban el cacao para preparar une bebida
   caliente llamada "xocoatl" en idioma náhuatl.
2. México, Guatemala, y el suroesete de los Estados Unidos
3. mirasol, pasilla, ancho, jalapeño o serrano
4. Holanda

¿Comprendiste tú?
Horizontales
2. Portugal   6. Tejas   10. azúcar
5. caliente   8. náhuatl
Verticales
1. Piquín   4. Guatemala   9. dulce
3. rica   7. jalapeño

Actividad 1
1. C.   2. A   3. B   4. C   5. B

Actividad 2
1. taza de medir   4. abrelatas
2. bol   5. olla
3. aceite, vinagre   6. horno de microondas

Actividad 4
Las respuestas van a variar.

LECTURA 6

¡A celebrar en la calle!
¿Qué sabes tú?

Las respuestas van a variar.

¡A vista de pájaro!
Las respuestas van a variar.

¿Comprendiste tú?
 1. C
 2. F. La fiesta del año nuevo chino es famosa por la danza del
       dragón y la del león.
 3. C
 4. F. San Isidro es el patrón de Madrid.
 5. F. Las características principales del carnaval son los
       desfiles, el vestuario y la música.
 6. F. En Brasil festejan el carnaval durante cuatro días.
 7. F. El 4 de julio la gente pone banderas de los
       Estados Unidos.
 8. F. El 4 de julio la gente prepara una deliciosa barbacoa.
 9. F. La Virgen de la Candelaria es la santa patrona de
       Bolivia.
10. C

¡A ver!
Las respuestas van a variar.

Actividad 1
1. B	3. C	5. C	7. A	9. C
2. A	4. B	6. C	8. B	10. B

Actividad 2
Las respuestas van a variar.

Actividad 3
1. epidemias
2. San Isidro
3. ángeles
4. Puerto Rico, Argentina y Perú
5. Nadie
6. indígena
7. Jesús
8. novena

Repaso gramatical
1. se reunía	5. daban	9. había
2. comenzaban	6. se vestían	10. se abría
3. se inventaba	7. era	
4. era	8. ponía	

LECTURA 7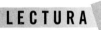

¿Eres perfeccionista?
Una encuesta
Las respuestas van a variar.

¡A ver!
Las respuestas van a variar.

Actividad 1
Las respuestas van a variar.

Actividad 2
Las respuestas van a variar.

LECTURA 8

De paseo por el Prado
¿Qué sabes tú?
Las respuestas van a variar.

¡A vista de pájaro!
1. En Madrid.
2. Velázquez y Tiziano.
3. *Las Meninas; 3 de Mayo, 1808*
4. Después de la muerte de Franco.

¿Comprendiste tú?
1. A	3. C	5. B	7. C
2. B	4. C	6. C	8. C

¡A ver!
Las respuestas van a variar.

Actividad 1
1. C	3. G	5. B	7. A	9. F
2. E	4. H	6. J	8. I	10. D

Actividad 2
Las respuestas van a variar.

Actividad 3
1. museos de ciencias
2. fotografía
3. estatuas
4. tela
5. las artes gráficas

Una ventana más
Las respuestas van a variar.

LECTURA 9

¡Al aire libre!
¿Qué sabes tú?
Las respuestas van a variar.

¡A vista de pájaro!
Las respuestas van a variar.

¡A ver!
Las respuestas van a variar.

Actividad 1
1. E	2. A	3. C	4. D	5. B

Actividad 2
Las respuestas van a variar.

Actividad 3

1. cantimplora
2. albergue
3. mochila
4. acampar
5. radio
6. anticipación.

Lo que nunca debe faltar: CÁMARA

LECTURA 10

Arte del mundo hispano
¿Qué sabes tú?

Las respuestas van a variar.

¡A vista de pájaro!

Las respuestas van a variar.

¿Comprendiste tú?

1. B.   2. C   3. A   4. B   5. A

¡A ver!

Las respuestas van a variar.

Actividad 1

Las respuestas van a variar.

Actividad 2

1. Ecuador o Bolivia	5. Guatemala	9. México
2. Guatemala	6. México	10. Panamá
3. Ecuador, Perú o Bolivia	7. Ecuador, Perú o Bolivia	
4. Ecuador o Bolivia	8. Puerto Rico	

Actividad 3

1. aguja	5. plata	9. piedra preciosa
2. pincel	6. mostacillas	10. lija
3. martillo	7. soldador	
4. témpera	8. goma de pegar	

Repaso gramatical

Las respuestas van a variar.

LECTURA 11

¿Qué pasó en la tele?
¿Qué sabes tú?

Las respuestas van a variar.

¡A vista de pájaro!

1. las telenovelas, la televisión
2. por la tarde y por la noche
3. el amor y el odio, la justicia y la injusticia, la riqueza y la pobreza
4. programas documentales de historia o geografía, canales exclusivos para música, programas para que participe el público en entretenimientos o en opiniones sobre hechos reales, programas para entrenar mascotas o para aprender a pescar

¿Comprendiste tú?

1. C
2. F. Mexico, Argentina, Venezuela y Chile son los principales productores de telenovelas.
3. C
4. C
5. F. Son muy diferentes. Además de ser más cortas, se televisan por la tarde y por la noche.
6. C

¡A ver!

Las respuestas van a variar.

Actividad 1

Las respuestas van a variar.

Actividad 2

Las respuestas van a variar.

Actividad 3

Las respuestas van a variar.

Repaso gramatical

1. mire	5. sean	9. termine
2. venga	6. pase	10. transmita
3. tengan	7. produzcan	
4. salga	8. vuelva	

LECTURA 12

¡Tapas sabrosas!
¿Qué sabes tú?
Las respuestas van a variar.

¡A vista de pájaro!
Las respuestas van a variar.

¿Comprendiste tú?
1. F. Las tapas son pequeños platos con distintos ingredientes.
2. F. La tortilla de patatas es un omelette de papas y huevo.
3. F. El tapeo es la costumbre de ir de un lugar a otro probando las tapas.
4. C
5. F. Los bares tapas se pusieron de moda en el siglo XVII.
6. F. En los bares tapas puede entrar todo el mundo.
7. F. Las gambas son camarones.
8. C
9. F. La paella se hace con calamares y arroz.
10. C

Actividad 1
1. los jamones
2. los bares tapas
3. los españoles
4. olivas
5. los mozos de las posadas
6. la ración
7. la paella
8. las tapas
9. el queso de Asturias
10. la ensaladilla rusa

Actividad 2
Las respuestas van a variar.

Actividad 3
Las respuestas van a variar.

Repaso gramatical
1. doble
2. camine
3. no pase
4. doble
5. entre

Actividad 4
1. comidas
2. tapeo
3. bares tapas
4. ración
5. huevo
6. productos de mar
7. York
8. calientes
9. paella
10. postre

LECTURA 13

¡A meter un goooool!
¿Qué sabes tú?
Las respuestas van a variar.

¡A vista de pájaro!
Las respuestas van a variar.

¿Comprendiste tú?

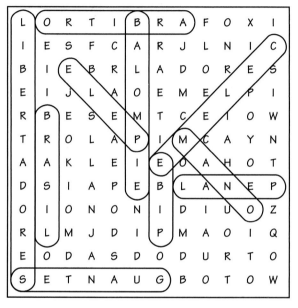

1. Libertadores
2. Pibe
3. mano
4. balompié
5. árbitro
6. Emelec
7. Brasil
8. penal
9. Pelé
10. guantes

Actividad 1
1. A
2. C
3. C
4. C
5. A
6. B

Actividad 2
Las respuestas van a variar.

Actividad 3
1. fútbol, fútbol americano
2. raqueta
3. bola
4. atletismo
5. abdominales
6. fútbol, basquetbol, voleibol, béisbol, hockey o fútbol americano
7. traje de baño
8. bicicleta
9. pesas
10. surf a vela

Música de todos lados
¿Qué sabes tú?
Las respuestas van a variar.

¡A vista de pájaro!
Las respuestas van a variar.

¿Comprendiste tú?
1. F. El tango se originó en Argentina y Uruguay.
2. F. La música en español que se escucha en los Estados Unidos viene de México.
3. C
4. F. El mambo es una música muy alegre.
5. F. Tito Puente y Celia Cruz son dos representantes de la música salsa.
6. F. Las castañuelas son imprescindibles para tocar flamenco.
7. C
8. C
9. F. Carlos Gardel cantaba tango.
10. F. El hip-hop es un tipo de música vocal.

Actividad 1
Las respuestas van a variar.

Actividad 2
Las respuestas van a variar.

Actividad 3
Las respuestas van a variar.

Actividad 4
1. salsa
2. africanos, latinos
3. Andalucía
4. Argentina, Uruguay
5. botones
6. Colombia
7. mambo
8. trompeta, trombón
9. hip-hop
10. español, inglés

Actividad 5
1. guitarra, arpa, violín o bajo
2. vals
3. cantante
4. acordeón
5. corridos
6. piano, violín

Vocabulario español-inglés

This **Vocabulario** includes all the words and expressions in *Ventanas.* (Exact cognates, conjugated verb forms, and proper nouns are generally omitted.) The gender of nouns is indicated *m.* (masculine) or *f.* (feminine). When a noun designates a person, the masculine form is given and the feminine ending (**a**) is in parentheses. Adjectives ending in **-o** are given in the masculine singular with the feminine ending (**a**) in parentheses. Verbs are listed in the infinitive form except for the past participles which appear in text as adjectives. The following abbreviation is also used: *pl.* (plural). All items are alphabetized in Spanish: **ñ** follows **n,** and **rr** follows **r.**

abarcar to embrace, include; to undertake

abrigador(a) protective, warm (clothing)

abrir to open

acabado *m.* finish (final effect given a piece of work)

acampar to camp

acompañante *m., f.* companion; escort

acompañar to accompany

acordarse to remember

además furthermore
  además de besides

adorar to worship; to adore

adquirir to acquire

aficionado(a) *m., f.* fan, enthusiast

afuera outside, out

agitación *f.* agitation, disturbance

agradecer to thank

agradecimiento *m.* gratitude, thanks

agregar to add

agrupar to group, assemble

ajedrez *m.* chess

ala *f* wing

alegre happy

alejar to remove to a distance

alfarero(a) *m., f.* potter

algodón *m.* cotton

alguno(a) some, any

alimentación *f.* nourishment, nutrition

aliviar to soothe; to relieve

allí there; then

almacenamiento *m.* storing, storage; stored goods

almanaque *m.* almanac, calendar

almirante *m.* admiral

almuerzo *m.* lunch

alto(a) tall, high

amargo(a) bitter

amate *m.* Mexican fig tree

ambiental environmental

ambiente *m.* ambiance
  medio ambiente environment

amistoso(a) friendly

amplio(a) roomy; ample, extensive

añadir to add

anaranjado(a) orange-colored

anaranjado *m.* (color) orange

anfiteatro *m.* amphitheatre

animado(a) lively, animated

anoche last night

apagar to switch off, to put out

aprender to learn

apropiado(a) appropriate

aquí here

árbitro *m.* referee, umpire

árbol *m.* tree

arbusto *m.* shrub, bush

arco *m.* arc; (sport) goal

ardor *m.* heat

arena *f.* sand; arena

armar to arm (weapon); to assemble, build

armario *m.* locker

arquero *m.* goalkeeper

arrugado(a) wrinkled

artesanía *f.* handicrafts

así thus, this (that) way, so

asistir to help, assist

astronómico(a) astronomic; enormous

atajar to intercept, head off, catch (soccer)

aumentar to increase, augment

aun even, yet, although

aunque although, even though

avanzado(a) advanced

ave *f.* bird

ayer yesterday

azúcar *f.* sugar

bachiller *m., f.* high school senior or graduate

bajo(a) short, low

bala *f.* bullet, cannon ball

balompié *m.* soccer

barato(a) inexpensive, cheap

barbacoa *f.* barbecue

barco *m.* boat

barra *f.* bar

barraca *f.* barracks

barrio *m.* neighborhood

bastante enough

bebida *f.* drink

bello(a) beautiful

biblioteca *f.* library

bisiesto *m.* leap year

blanquecino(a) whitish; off-white

bodega *f.* storage, warehouse

bolsa *f.* bag, purse

bombardeo *m.* bombardment, shelling

bordado(a) embroidered

borrar to erase

bosque *m.* forest, woods

botana *f.* snack, appetizer

botón *m.* button

brazo *m.* arm

brincar to skip, jump

brindar to offer, invite

búsqueda *f.* search, hunt

caballo *m.* horse

caber to fit
  (no) cabe duda there is (no) doubt

cabeza *f.* head

cacao *m.* (bot.) cocoa; chocolate tree

cada each

café *m.* cafe (open air)

calderón *m.* large cauldron

caliente hot

calificación *f.* grade; assessment

calle *f.* street

cama *f.* bed

caminata *f.* hike, long trek

campamento *m.* camp; camping

campo *m.* field; countryside

cancha *f.* field (football, baseball)

cantar to sing

cántaro *m.* pitcher
  a cántaros abundantly
  llover a cántaros to rain cats and dogs

capa *f.* cape, cloak

carne *f.* meat

carnero *m.* (zoo.) sheep, ram

carnoso(a) meaty

carrera *f.* race

cartón *m.* **piedra** papier-mâché

casi almost

casillero *m.* (sport) scoreboard

caso *m.* case, event

castañuela *f.* castanet

cerca near, close by

cercanía *f.* proximity; vicinity

cercano(a) near, close

charla *f.* chat, conversation; lecture

charlar to chat, talk

cielo *m.* sky; heaven

científico(a) *m., f.* scientist

científico(a) scientific

cima *f.* hilltop

cita *f.* appointment; date

cobrar to collect; to charge

cocinar to cook

coincidir to coincide

colegio *m.* high school, secondary school

colorante *m.* dye, tint

colorido *m.* coloring, color

combatir to fight, battle

comentario *m.* comment, remark; criticism
   comentarios historical memoirs

comenzar to begin

comestible edible

cometer to commit

comida *f.* food, meal

como like, as

comparsa *f.* costumed group

compartir to share; to divide

condimentar to season, flavor

condimento *m.* seasoning

conocer to know

conocido(a) *m., f.* acquaintance

conocido(a) well-known

conocimiento *m.* knowledge; understanding

conseguir to aquire

conservador(a) conservative

consistir to consist; to be composed

consumir to consume; to eat; to waste or eat away

contable pertaining to accounting

contenido *m.* contents; subject matter

contrario *m.* opposite

coproducción joint production

coro *m.* chorus

corresponder to belong to; to fit, match
   corresponderse to write to one another

corretear to chase (in a playful way), run around

corrida *f.* bullfight

corte *f.* court

corte *m.* cut

cortesía *f.* courtesy, politeness; gift

corteza *f.* bark (of a tree)

cosecha *f.* harvest, crop

cotidiano(a) daily

crecimiento *m.* growth, growing; increase

creer to believe

cualquier any

cuarto *f.* fourth; quarter (of an hour); room

cubierta *f.* covering; (mar.) deck

cuchillo *m.* knife

cultivar to cultivate

cuota *f.* quota, share; payment, fee

cursar to study, attend (a course of studies)

dañado(a) damaged; bad

daño *m.* damage, harm

danza *f.* dance, dancing

dar to give
   darse cuenta to realize

de of
   de compras shopping

deber to be obliged, should, must, owe

debido a due to, owing to

decir to say
   es decir that is to say

dedicar to dedicate, devote

dejar to allow; to let; to leave (behind)

deleitar to delight, please

desaparición *f.* disappearance

desarrollo *m.* development

desatarse to break loose

descansar to rest, relax

descomponer to disturb, disrupt; to decompose

descubrimiento *m.* discovery

desde from; since

desear to desire

desembarcar to disembark, to unload, put ashore

desfile *m.* parade

desierto *m.* desert

desierto(a) deserted, uninhabited

desolado(a) desolate

despertador *m.* alarm clock

después after

destacar to stand out

detener to stop, halt, detain

detrás behind; after

devolver to return, give back

dios *m.* god

diosa *f.* goddess

dirigir to direct; to manage

disciplina *f.* discipline

diseño *m.* design, drawing, sketch

disfrazado(a) disguised, dressed in costume

disfrutar to enjoy

disponible available

distinguir to distinguish

distinto(a) different, distinct

divertido(a) amusing, fun

divertir(se) to amuse, entertain (oneself)

dividir to divide; to split

documental *m.* documentary

droga *f.* drug

dulce *m.* candy, sweet

dulce sweet

durante during

durar to last, endure

duro(a) hard, firm; tough

echar to throw, to put in

edad *f.* age

eficaz effective

ejecutar to execute; to perform, carry out

elegir to elect

elenco *m.* cast (of a play)

empezar to start

emprender to set about, begin, undertake

encantar to love, really like

encargar to entrust, put in charge (of)

encendido(a) bright (colors); red, inflamed

encima above; overhead; at the top

encontrar to find

encurtido *m.* pickled fruit or vegetable

enriquecerse to become rich or wealthy, to prosper

ensayo *m.* test; essay

enterar to inform, acquaint

entonces then; in that case

entre between; among

entretenido(a) amusing, entertaining

entretenimiento *m.* entertainment; amusement

época *f.* era, age; time

equipo *m.* team

ese, esa that

ése, ésa that one

escuchar to listen to

escudo *m.* shield; coat-of-arms

escurrir to rinse; drain

especie *f.* species; type

espectáculo *m.* spectacle; show, performance

espera *f.* wait, waiting

esperar to wait for; to hope for; to expect

espumoso(a) frothy, foamy

esquina *f.* corner

estación *f.* season; station (train)

estadio *m.* stadium

estadística *f.* statistics

estatal of or pertaining to the state

estrella *f.* star

estar to be

etapa *f.* stage, phase

evitar to avoid

excursionista *m., f.* camper

exhibir to exhibit

exponer to expose, to put in danger; to expose, to exhibit

extranjero(a) *m., f.* foreigner

extraprogramática extracurricular

fácilmente easily

falda *f.* skirt

falta *f.* lack

faltar to be lacking

fama *f.* fame; reputation

famoso(a) famous

fe *f.* faith

fenómeno *m.* phenomenon

feria *f.* fair

festejar to celebrate

festejo *m.* celebration

fibra *f.* fiber

ficha *f.* token; chip

figura *f.* figure

figurar to figure, appear

fijarse to notice

fila *f.* line, file

fin *m.* end

física *f.* physics

físico(a) physical

flotilla *f.* flotilla, fleet of small vessels

formar to form

fósforo *m.* match

fotografía *f.* photograph

frazada *f.* blanket

frente *f.* forehead; *m.* front

fresco(a) cool

frío *m.* cold

frontera *f.* border (between countries)

fuego *m.* fire
  fuegos artificiales fireworks

fuente *f.* fountain; source

fuera outside
fuera de moda old-fashioned, out of style

fuerza *f.* force

gallo *m.* rooster

ganador(a) *m., f.* winner

gente *f.* people

girar to revolve; to spin

gitano(a) *m., f.* gypsy

golpear to hit

gozar to enjoy

graduar to graduate

granjero *m.* farmer

gratuito(a) free

grita *f.* din, uproar

gritar to yell

guante *m.* glove

guatemalteco(a) Guatemalan

guerra *f.* war

guía *m., f.* (tour) guide

guitarra *f.* guitar

gustar to like

haber to have; to be
había una vez once upon a time

hacha *f.* ax

harina *f.* flour, meal

hasta until; up to

hay there is, there are

hecho *m.* event; deed; fact

hecho(a) made

helado *m.* ice cream

hervir to boil

hierba *f.* grass

hilar to spin

hilo *m.* thread, yarn

hogar *m.* home

homenaje *m.* homage; allegiance; respect

horario *m.* schedule

idioma *m.* language

iglesia *f.* church

iluminar to illuminate

incendio *m.* fire

inclinado(a) inclined, slanted

incluso even; including

incorporar to incorporate

indígena *adj.* indigenous, native

indígena *m., f.* native, indigenous person; Indian

infelicidad *f.* unhappiness

Inglaterra *f.* England

ingreso *m.* entrance; income

inicio *m.* beginning

instalacion *f.* installation

interesar to interest

jabón *m.* soap

jardinero *m.* gardener; outfielder

joven young, youthful

joven *m., f.* young person

juez *m.* judge

juntar to join; assemble

juvenil juvenile; youthful

lago *m.* lake

lana *f.* wool

lavarse to wash oneself

leche *f.* milk

lectivo(a) teaching

leyenda *f.* legend

libre free

librería *f.* bookstore

liebre *f.* hare

liga *f.* league

limpiar to clean

limpio(a) clean

liviano(a) light

llamar to call, name; to attract
llamarse to be called

llegada *f.* arrival

lleno(a) full

lluvia *f.* rain

lograr to achieve, attain

luego soon; then

lugar *m.* place

lujo *m.* luxury

luna *f.* moon

lunes *m.* Monday

madera *f.* wood

magisterio *m.* teaching; teaching profession; teachers

malo(a) bad

manjar *m.* delicious food

mantel *m.* tablecloth; altar cloth

mantenimento *m.* maintenance

máquina *f.* machine
máquina contestadora answering machine

mar *m.* sea; ocean

marea *f.* tide

marinero *m.* sailor, seaman

marrón brown

máscara *f.* mask

mascota *f.* mascot, pet

materia *f.* subject

mayoría *f.* majority

mecanografía *f.* typewriting

medianoche *f.* midnight

medir to measure

mejor better

menos less

mensual monthly

mensualmente monthly

mercantil commercial, pertaining to commerce, business

mes *m.* month

mezcla *f.* mexture

mezclar to mix

miedo *m.* fear

mientras while

militar military

mismo(a) same

mitad *f.* half

mixto(a) mixed

mochila *f.* backpack

mono(a) *m., f.* monkey

morir to die

mostrar to show

mover to move

muestra *f.* sample

mujer *f.* woman

mundial world-wide

mundo *m.* world

murciélago *m.* bat

nacer to be born

nacimiento *m.* birth

natación *f.* swimming

naturaleza *f.* nature

náufrago(a) shipwrecked

navegar to navigate, sail

noticiero *m.* newscast

noveno(a) ninth

nuestro(a) our

obligatorio(a) obligatory

obra *f.* work

observar to observe

occidental western

ocupación *f.* occupation; job

odio *m.* hatred

ojalá hopefully

olvidarse to forget

orilla *f.* shore

oscurecer to darken; to get dark

oveja *f.* (female) sheep

pacífico(a) calm

pagar to pay

pájaro *m.* bird

paje *m.* page (of a king)

panameño(a) Panamanian

papel *m.* paper
papel tapiz wallpaper

paraíso *m.* paradise

parecer to appear, seem; to look like

parecido(a) alike, similar

parte *f.* part, portion

particular private

partida *f.* departure

partido(a) divided; broken

partido *m.* game

partir to split, divide

pasaje *m.* passage, road; fare

pasar to pass

pasatiempo *m.* hobby, pastime

patota *f.* street gang

payaso *m.* clown

pedir to ask for

película *f.* film; movie

peligro *m.* danger

pelota *f.* ball

penal *m.* prison

pensar to think

pequeño(a) small

perezoso(a) lazy

perito(a) expert, skilled
perito mercantil equivalent to Associates Degree in Business

pesa *f.* weight (for weighing); dumbell

pesado(a) heavy

pesar to weigh

pesar: a pesar de in spite of

pescado *m.* fish

pescar to fish

peso *m.* weight, heaviness; Mexican monetary unit

piadaso(a) pious, merciful

picante spicy

picoso(a) spicy (Mex.)

pie *f.* foot

piedra *f.* rock

pieza *f.* piece; room

pintura *f.* painting

pista *f.* track; ski-slope

planchar to iron

plano *m.* plan, sketch

platillo *m.* small plate, saucer

playa *f.* beach

plegable collapsible

plomo *m.* lead (metal)

población *f.* population

pobreza *f.* poverty

poder to be able

polideportivo multi-sport

poner to put, place, set

por for; by

posada *f.* inn

poseer to posess; to own

prenda *f.* **de vestir** article of clothing

prendedor *m.* decorative pin

presenciar to witness, attend

prestar to lend

prevenir to foresee; to warn
prevenirse to take precautions, to prepare oneself

primavera *f.* Spring

principal principal, main

principiante(ta) *m., f.* beginner, novice

probar to taste; to prove

promedio *m.* average

pronóstico *m.* prognostic, omen
pronóstico del tiempo weather forecast

proporcionar to provide, supply

proveerse to supply oneself

provenir to come, originate from

puerta *f.* door

puerto *m.* port, harbor

que that

quedar to remain; to be left

quejarse to complain

química *f.* chemistry

quizás perhaps, maybe

rato *m.* while, short time

recado *m.* message

recibir to receive

recoger to pick up, collect

reconocer to recognize

recordar to remember; to remind

recorrer to travel; to look over

recreo *m.* recreation; recess

rediseño *m.* redesign

reflejo *m.* reflection; reflex

refresco *m.* refreshment, snack

regalo *m.* gift

regreso *m.* return

reina *f.* queen

reliquia *f.* relic

remolque *m.* tow; tow rope

remplazar to replace, substitute

resbalarse to slip

rescatar to rescue

rescate *m.* rescue

respirar to breath

reunir to join; assemble

revista *f.* magazine

revuelto disarranged, messy

rey *m.* king

rico(a) rich

rodeado(a) surrounded, encircled

rodear to surround; to encircle

romano(a) Roman

ruina *f.* ruins

romper to break

ropa *f.* clothes

rueda *f.* wheel

saber to know

sabor *m.* flavor; taste

sabroso(a) delicious; tasty; delightful, pleasant

sacar to take out; to remove

salchicha *f.* hotdog

saltar to jump

saludar to greet

seco(a) dry

secundario(a) secondary
  escuela secundaria high school

sede seat, headquarters

seguir to follow

según according to

semanal weekly

semilla *f.* seed

sentar to sit

sentir to feel

sequía *f.* drought, dry season

serpiente *f.* snake

siempre always

siglo *m.* century

significar to mean

silvestre wild

sino but

sol *m.* sun

solamente only

solicitar to ask for, request; to apply for

sonar to sound; to ring

sordo(a) deaf

subtítulo *m.* subtitle

suerte *f.* luck

sufrir to suffer

suizo(a) Swiss

sumar to add, to add up

superpuesto(a) overlapped

tablero *m.* board (of wood)

taller *m.* laboratory; workshop

techo *m.* roof

tecla *f.* key (piano, typewriter, etc.)

tejido(a) woven

tejido *m.* weave; fabric

tela *f.* cloth, fabric

tele *f.* T.V., television

telenovela *f.* soap opera

temprano(a) early

térmico(a) thermal
  recipiente térmico cooler

terminar to end

terreno *m.* land, terrain

tiburón *m.* shark

tienda *f.* tent; awning

timbre *m.* doorbell

titulado(a) titled

tocar to touch; to play (an instrument)

todavía still

todo(a) all, whole

todo entirely, completely

tomar to take; to have (food, drink)

tonelada *f.* ton

toque *m.* touch, touching; ringing;

tormenta *f.* storm

torneo *m.* tournament

traer to bring

traje *m.* suit

tranquilo(a) tranquil, calm, peaceful

tránsito *m.* transit; traffic

trasladarse to move, change residence

través: a través de through, across

tripulación *f.* crew

trozo *m.* piece; part

tubo *m.* tube

turno *m.* turn; shift

tubo de ensayo test tube

último(a) last, final; latest

único(a) only; unique

usar to use, make use of

utilizar to utilize, use

vacante vacant

valer to be worth
  vale la pena it's worth it

valiente brave

variar to vary

varios(as) several

varón *m.* man, male

vasija *f.* receptacle, container; bowl, basin

vasto(a) vast, huge

vez time
a veces sometimes

vela *f.* candle

veneno *m.* poison

ventaja *f.* advantage

verdadero(a) true; real

vestir to dress; to wear
vestirse to dress oneself, to get dressed

vestuario *m.* costume

viaje *m.* trip

vicuña *f.* type of llama

vidrio *m.* glass; window

viejo(a) old

viernes *m.* Friday

villancico *m.* carol (song)

virtud *f.* virtue

víspera *f.* eve

vitalidad *f.* vitality

vivir to live

volver to return

y and
ya right now; already

zapatilla *f.* slipper

Illustration Credits

5: Randall Enos **10:** Camille Venti **11:** Diego Herrera **17:** Camille Venti **19:** Jeremy Speigel **24:** Camille Venti **27:** Diego Herrera **28–30:** Jennifer Hewitson **32:** Camille Venti **33:** Jennifer Hewitson **41:** Randall Enos **42–43:** Jeremy Speigel **45:** Jeremy Speigel **51:** Camille Venti **53:** Diego Herrera **54–56:** Roger Boehm **58:** Camille Venti **59:** Roger Boehm **60:** Diego Herrera **73:** Randall Enos **79:** Camille Venti **81:** Jeremy Speigel **86:** Camille Venti **89:** Reger Boehm **94:** Camille Venti **95:** Camille Venti **97:** Jeremy Speigel

Photo Credits

12: Jeffrey Alford/Asia Access. **13:** Brown Brothers. **14:** NASA. **19:** Suzanne Murphy-Larronde. **20:** Bob Daemmrich/Stock Boston. **21:** Christopher Brown/Stock Boston. **26:** l, Corbis-Bettmann; tr, Brown Brothers. **27-29:** Corbis-Bettmann. **31-32:** Assignment photos by Richard Haynes. **40:** Jerry Koontz/The Picture Cube. **40-41:** (background), Lawrence Migdale **42-43:** Lena Trindade/The Stock Market. **52-53:** Robert Frerck/Odyssey/Chicago. **54:** The Flower Girls (Spring), 1786-87 by Francisco José de Goya y Lucientes (1746-1828), Prado, Madrid/Bridgeman Art Library, London. **55:** Robert Frerck/Odyssey/Chicago. **67:** Patrick Rouillard/The Image Bank. **68-69:** Suzanne Murphy-Larronde. **74-76:** Assignment photos by Rob Crandall/The Image Works. **80:** l, Chris Hackett/The Image Bank; r, Daniel Aubry/Odyssey/Chicago. **80-83:** (all tapas), Steven Needham/Envision; r, Chris Hackett/The Image Bank. **83:** t, Chris Hackett/The Image Bank. **92-93:** David Young-Wolff/Photo Edit. **94-95:** Focus on Sports. **96:** Vic Bider/Photo Edit. **97:** DDB Stock Photo. **98:** Jose L. Pelaez/The Stock Market.